世界のなかの日本の歴史

一冊でわかる戦国時代

【監修】大石 学

河出書房新社

監修のことば

本書は、戦国時代の歴史を、同時代の世界史の出来事にも目配りしながら、さまざまなシーンからわかりやすく説明しよう、という意図から編集されました。

戦国時代は、16世紀ごろ約100年にわたり戦乱が続いた時代をいいます。全国に割《かっ》拠《きょ》した戦国大名たちは、戦国時代を乗り切るために、軍事力と政治力を強化して領国内の家臣の下剋上《げこくじょう》や農民らの一揆《いっき》を抑《おさ》える一方、周辺の戦国大名らと、外交・同盟・合戦などを繰《く》り広げました。

合戦の勝敗を決めたのは、直接的・短期的には、大名のリーダーシップや武力の強弱でしたが、より基本的には長期間戦争を持続できる自領国の「平和」と安定でした。そして、この「平和」と安定を全国規模に拡大したのが、織田信長《おだのぶなが》・豊臣秀吉《とよとみひでよし》・徳川家康《とくがわいえやす》、戦国時代に幕を引いた3人でした。彼らにより、最終的に武力による解決を克服《こくふく》し、幕府と藩《はん》による国家体制が確立し、武士を戦闘者《せんとうしゃ》から官僚《かんりょう》へと切り替《か》えました。そして、江戸時代250年以上の長期の「平和」の基礎《きそ》を築いたのです。

もくじ

戦国時代の国分け

陸奥
出羽
佐渡
越後
能登
越中
加賀
下野
上野
常陸
飛騨
信濃
越前
武蔵
隠岐
伯耆
因幡
但馬
丹後
若狭
美濃
甲斐
相模
下総
上総
出雲
石見
美作
丹波
近江
尾張
三河
遠江
駿河
伊豆
安房
対馬
備後
備中
播磨
伊勢
壱岐
長門
安芸
志摩
周防
淡路
大和
筑前
豊前
伊予
阿波
紀伊
肥前
土佐
山城
伊賀
豊後
肥後
讃岐
備前
摂津
和泉
河内
筑後
日向
薩摩
大隅

プロローグ

prologue

世界のなかの戦国時代

室町幕府の権威《けんい》が失墜《しっつい》し、戦国大名が群雄割拠《ぐんゆうかっきょ》し、混乱を極めた戦国時代。その混乱のなかから、次第に新しい秩序《ちつじょ》が作られ、江戸幕府の安定へとつながっていきます。

この時代、変革の時をむかえていたのは、日本だけではありません。例えば、ヨーロッパでも、さまざまな戦争があり、制度や経済、宗教、文化が変革されていきました。

１４５３年には、オスマン帝国《ていこく》により、東ローマ（ビザンツ）帝国が滅《ほろ》ぼされます。古代から続いてきたローマ帝国が、完全に世界から姿を消した出来事でした。オスマン帝国が大国となり、東地中海の航路を支配したことが、スペイン、ポルトガルを中心とした「大航海時代」につながっていきます。

１４００年代半ばから、アフリカを南下する探検・航海を推進していたポルトガルでは、１４８８年、バルトロメウ・ディアスがアフリカ最南端《なんたん》の喜望峰《きぼうほう》に到達《とうたつ》し、インド航路開拓《かいたく》が具体的な目標になっていきます。１４７９年に成立したスペイン王国も、ポルトガルに続きました。さらに、百年戦争、薔薇《ばら》戦争を経てテューダー朝が成立、王権を強化したイギリスも海外進出を果たします。

こうしたヨーロッパ諸国の新航路発見と海外進出は、南米大陸でスペイン人ピサロがインカ帝国を滅《ほろ》ぼすなど、新大陸の植民地化や、アジアとの交易をうみ出しました。日本に鉄砲《てっぽう》やキリスト教が伝えられたのもこの結果です。

またこの時代は、宗教にも大きな変革がありました。1517年、ドイツのマルティン・ルターによる「95か条の意見書」は、免罪符《めんざいふ》を販売《はんばい》するローマ教皇を批判し、信仰《しんこう》の拠《よ》り所を「聖書」にのみ求めるという、それまでの教会を否定する内容でした。

この「宗教改革」の動きはスイスやオランダ、フランスなどヨーロッパ各地に広まり、また同時に、ドイツの騎士《きし》戦争や農民戦争、フランスのユグノー戦争など、各地で宗教的な対立による戦いも引き起こしました。

11世紀末から13世紀末、聖地エルサレムの奪回《だっかい》を目的に、ローマ教皇の呼びかけで十字軍の遠征《えんせい》が行われました。度重なる遠征の失敗から権威《けんい》を失ったカトリック教会に対し、各国の王が権力を強めていきました。

「大航海時代」「宗教改革」に深く関連していたのが、14世紀にイタリアではじまり、ヨーロッパ各地に広がって16世紀までつづいた「ルネサンス」です。基本的な考え方は、ギリシャ・ローマ時代の学問や芸術を復興し、神とカトリック教会を中心とした視点から、人間を中心とした視点に戻《もど》り、自由な精神を尊重しよう、というものでした。

ルネサンスのなかで、天文学や地理学なども発達し、コペルニクスやガリレオ・ガリレイによって「地動説」が唱えられるといったこともありました。

また、中国《ちゅうごく》で発明された羅《ら》針盤《しんばん》は、中国に来航していたアラビア人の商人の手によってイスラムへ、そして十字軍を経てヨーロッパへと伝わりました。こうした科学・技術の変化が大航海を可能にしていったのです。

一方東アジアでは、１４０３年に明《みん》から王国と認められた朝鮮《ちょうせん》が、室町幕府と条約を結んで貿易をしていましたが、１５９２年からの豊臣秀吉《ひでよし》の中国・朝鮮の侵略《しんりゃく》戦争により、甚大《じんだい》な被害《ひがい》を受けました。朝鮮に援軍《えんぐん》を派遣《はけん》していた明も、北からのモンゴルの攻《こう》撃《げき》、南からの海賊《かいぞく》団の襲撃《しゅうげき》に苦しんでいた時期で、この戦争が大きな負担となりました。

日本も、世界も、中世の政治や宗教、法律など、あらゆる仕組みをこわし、新しい社会を作るための、長い変革の時代でした。

戦国時代のはじまり

生きるため、日常的に命や土地、財産を奪《うば》い合う戦国時代。そのはじまりのころ、武器を手に取り戦っていたのは、武士だけではありませんでした。

戦国時代の戦場というと、一般《いっぱん》的に、大勢の武将が馬に乗り、戦場を駆《か》けて刃《やいば》を交える、といったイメージをもつ方も多いのではないでしょうか。

しかし当時の戦場は、そのようなイメージとは異なるものでした。

この時代、大名や武将のように、歴史に名を残す戦いの達人は多くいますが、名もなき人々も同じように戦場に立って、命がけで戦う必要がありました。専業の戦闘員《せんとういん》である武士と、兼業《けんぎょう》の戦闘員《せんとういん》である平民が、ともにひとつの武士団を形成していたのです。

そうした武士団の原型が誕生したのは10世紀ごろ、平安時代だったといわれています。

当時、新たに開墾《かいこん》した土地は、開発者の私有が認められていました。とはいえ自分のものにした土地でも、中央政権の管理下にあり、国司と呼ばれる地方官に干渉《かんしょう》され、税を納めなければいけませんでした。そのため土地の開発者である領主たちは、税の負担を減らそうと、有力貴族や大寺院、大神社に土地を寄進しました。寄進された有力貴族や大寺院は、次々と所有地を増やしていきます。

　しかし拡大した所有地は、地域によって略奪《りゃくだつ》の対象となりました。そこで必要となったのが、力を伸《の》ばしはじめた、武装農民でした。

　そのような武装農民に目を付けたのが清和《せいわ》源氏《げんじ》や桓武《かんむ》平氏《へいし》などの、中流貴族です。

　彼らは天皇の子孫の中でも武芸を職能とする家《いえ》柄《がら》で、一族の軍事力を高める必要がありました。そのため自ら地方に下り、武装した農民を編成し、巨大《きょだい》な武士団を組織していったのです。さらには地方豪族《ごうぞく》の反乱に加わるなどし、勢力を伸ばしていきました。

武士団の仕組み

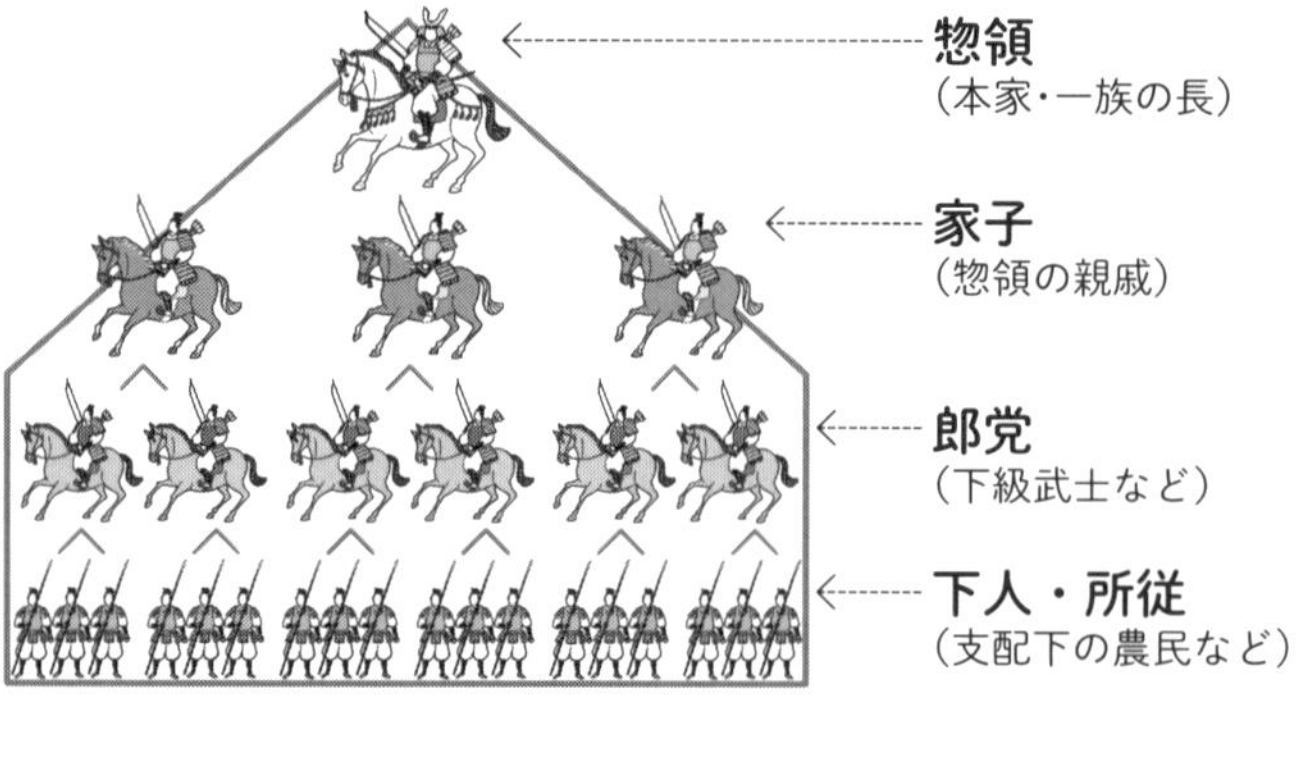

国家を運営する大きな勢力を「権門《けんもん》」ということがあります。「権門」は、荘園《しょうえん》（私的領有地）を基盤《きばん》に大きな経済力を持ち、位が高い勢力集団をいいます。中世は「公家・武家・寺社」の三権門が、国政機能である「行政・軍事・宗教」を分担し、相互《そうご》補完的に国家を運営していました。しかし平安から戦国時代にかけて台頭した武家が、力を伸ばし、三権門の一元化を目指したことで、そのような「権門体制」のバランスも崩《くず》れていくのです。

1167年（仁安2年）、ついには平家の平清盛《たいらのきよもり》が太政大臣《だじょうだいじん》に就任しました。清盛が世を去ると今度は源氏が挙兵。最終的には源頼朝《みなもとのよりとも》が敵勢を撃破《げきは》して、1185年（文治元年）に鎌倉《かまくら》幕府を開き、1192年（建久3年）、征夷大将軍《せいいたいしょうぐん》に就任します。「幕府」とは、戦場において幕を張った「将軍の陣営《じんえい》」を指す言葉。それが「朝廷《ちょうてい》から正式に国政を委任された組織」を意味するようになりました。武家は自分たちの手で成立させた政権のもと、軍事のみならず行政と宗教においても支配を強めていったのです。

その後、1333年後醍醐《ごだいご》天皇が専制に乗り出して、一旦《いったん》は公家が実権を取り戻《もど》しますが、武家の足利《あしかが》氏と対立。足利氏は後醍醐天皇に勝利し、室町《むろまち》幕府を開きます。

これら、鎌倉幕府と室町幕府のほかに幕府と呼ばれる政府には、江戸《えど》幕府があります。しかしながらその江戸幕府が成立する過程で政治は混迷を極めます。

武士の台頭によって社会は大きく変化せざるを得ませんでした。その変化の原動力となったのが「武力」。時代は戦乱の世に突入《とつにゅう》します。

この間、織田信長《おだのぶなが》そして豊臣秀吉《とよとみひでよし》の2つの政権を経て、徳川家康《とくがわいえやす》の江戸幕府に至るまで、朝廷《ちょうてい》、政治、軍事、宗教、法律、あらゆる仕組みが整備・刷新されました。

その新たな仕組みの多くは、江戸時代のみならず、私たちが生きる現代社会の基礎《きそ》となっています。

戦国時代はつまり、日本史上の一大変革期といえるのです。

変革の波はまず、1467年、室町幕府に「応仁の乱」という形で押《お》し寄せました。

本書ではその大乱の前後を戦国時代のはじまりとして、江戸幕府を開いた徳川家康が世を去る1616年までの、約150年間を追いかけます。

第一章では、戦国時代初期から天下人の出現までに、どのように変革が起きたのか見ていきましょう。

第一章
戦国時代の大変革

「神頼《かみだの》み」からの脱却《だつきゃく》

古代以来の日本では、地域に問題が生じれば、その解決方法は、武力など当事者間で決着をつけるか、神意に問うかのどちらかでした。神による裁判、神裁が行われていたのです。

そのひとつに盟神探湯《めいしんたんとう》がありました。熱湯に手を入れさせ、火傷の有無や加減を神意として、有罪か無罪かを判断する様式です。

湯起請《ゆぎしょう》は裁判の前に誓《ちか》いの文書（起請《きしょう》文）を書かせ、熱湯の中の石を拾う際の火傷で判定するものです。このほかに熱した鉄を握《にぎ》らせる鉄火起請、寺社に一定期間籠《こ》もり、その間に身体に起こる異変で判定する参籠《さんろう》起請という方法もありました。いずれも異変の加減で裁きを決めます。

現代からすると非科学的にみえますが、神裁は古代より行っていた、紛争《ふんそう》の解決手段でした。戦国時代の到来《とうらい》まで、日本は自然や呪術《じゅじゅつ》的観念が支配する「未開社会」だったといえるでしょう。

しかしながら神に頼《たよ》る裁判は戦国時代を通して減少します。

支配者自身が法のもとで裁判を行うようになるのです。そのような裁判の普及《ふきゅう》は、権威《けんい》の所在が神仏から世俗《せぞく》に移った証でした。合理的、客観的観念が社会全体で発達していったのです。

戦国時代の人々は、自然に対しても積極的に働きかけました。

それまでは神仏の領域として、恐《おそ》れの対象であった山林や河川などの自然に立ち向かい、自然のコントロールを試みたのです。治水や新田開発は生産力を向上させるために不可避の課題でした。生産力の向上により経済活動が発展し、文字も普及。戦国時代は現代に続く「文明社会」への、第一歩だったといえるのです。

とはいえ古代から戦国へ、神から人へという変化は、決して一直線ではありませんでした。

15世紀なかば戦国時代が始まる直前、室町幕府の6代将軍足利義教《あしかがよしのり》は、かつてないほどにこの神裁、とくに湯起請《ゆぎしょう》を採用しました。

くじ引きで将軍に選ばれたため、自身の境遇《きょうぐう》に神意を感じていたとはいえ、義教がこの非人道的な方法に執着《しゅうちゃく》した理由はそれだけではありません。湯起請は単純明快で即決《そっけつ》性もあり、支配力もアピールできるため、施政者《しせいしゃ》として好都合だったのです。

裏を返せば、それだけ支配体制や秩序《ちつじょ》が不安定な時期だったともいえます。将軍の権威《けんい》と権力が、神仏なしには保てなかったのです。

大乱闘《らんとう》、応仁の乱

1441年、湯起請に執着し、神仏に頼る恐怖《きょうふ》政治を敷《し》いた義教は暗殺されます。続いて子の義勝《よしかつ》が7代将軍となりますが、わずか10歳《さい》で死去。室町幕府のかかえる問題は、ここに来て限界を迎《むか》えます。将軍家のそばで、重臣たちの影響《えいきょう》力が高まっていたのです。

特に重臣の「管領《かんれい》」は、将軍の政務を代行するほどの権力者でした。彼ら有力武士は京都に暮らし、貴族のように贅沢《ぜいたく》な生活をおくり、地方には重税を課していました。

当時は飢饉《ききん》が多発した時代でもあります。暴風雨が続き、洪水《こうずい》が発生し、農作に大きな影響を与《あた》えていました。

重税と凶作《きょうさく》により農村では餓死者《がししゃ》が多数発生。とうぜん社会的な不満はふくれあがり、農民の集団蜂起《ほうき》、つまり一揆《いっき》が続発します。彼らの怒《いか》りはすさまじく、それまでとは違《ちが》って、聖域である寺社に踏《ふ》み込《こ》むほどでした。

本来ならば守護職の武士、つまりは在京の地方軍事指揮官が中心となって争乱に対応すべきところですが、そのような状況《じょうきょう》でも、彼らは都にいて権力争いをするばかり。

そのころ、世界では？

1455～85年 イギリスの薔薇《ばら》戦争

イギリスの王位継承《けいしょう》をめぐる、ランカスター家とヨーク家の内戦が30年続きました。両者の家紋《かもん》が、白バラと赤バラだったことから薔薇戦争と呼ばれました。最後はランカスター家の一族のテューダー家が勝利し、テューダー朝を開きました。

代わりに現地を実質的に管理していた守護の代理人、守護代が対応にあたりました。その結果、守護代は各地で、上役である守護職をしのぐ支配力をもつようになっていきます。

1467年（応仁元年）、社会不安が増大するなか、ついに大規模な衝突《しょうとつ》が発生します。

応仁の乱です。

当時の将軍は8代目の足利義《よし》政《まさ》。義政は銀閣寺を建立するなど文化面では功績を残しましたが、重臣に主導権を握《にぎ》られ、将

応仁の乱の対立関係

争い	西軍	東軍	
足利義政跡継ぎ争い	（養子）義視	義政 （子）義尚	義政が弟・義視を次期将軍に指名後、実子（義尚）が生まれ跡継ぎ争い発生。西軍が義視を将軍に立てて、東西２つの幕府が成立。
幕府内勢力争い	山名宗全	細川勝元	幕府の実権を握るためそれぞれ義視と義尚を支援して対立が激化。
畠山家家督争い	畠山持国 （子）義就	畠山持富 （養子）政長	持国から家督を譲られた義就に対し、家臣が政長を擁立して対立。
斯波家家督争い	（養子） 斯波義廉	（養子） 斯波義敏	斯波義健が跡継ぎがないまま死去。一族から迎えられた義敏と渋川氏の一族から迎えられた義廉が対立。

軍としては決断力に欠ける人物でした。

そのような義政が、管領家の畠山《はたけやま》氏で問題となっていた家督《かとく》争いをおさめようとして、乱は勃発《ぼっぱつ》します。長らく敵対していた管領の細川勝元《ほそかわかつもと》と重臣の山名宗全《やまなそうぜん》が介入《かいにゅう》し、主導権を巡って争ったのです。

義政自身も後継《こうけい》者問題を抱《かか》えており、事態はさらに複雑化。やがて大勢の守護を巻き込《こ》んで、武家は東西の軍に分かれ、京都で衝突を繰《く》り返すようになりました。

戦いは11年にわたり、結局は乱の首謀者《しゅぼうしゃ》であった山名・細川の両名も病死。勝者不在の終焉《しゅうえん》を迎《むか》えます。京は焼け野原となり、足利氏は力を失い、兵も領地も持たない名ばかりの将軍家と成り果てました。

その一方、足利氏の権威《けんい》を見限った武士たちが、領地の直接支配を進めていました。旧来の支配体制に変革が起きたのです。長年の応仁の乱が終わっても、分散した権力はもとに戻《もど》りませんでした。時代はいよいよ戦国時代に突入《とつにゅう》します。

その中心となる勢力こそ、戦国大名でした。

あなたも私も大名化

大名という呼称《こしょう》は、そもそも「大きな名田を所有する人」を意味します。名田とは、権利を表明するために持ち主の名をつけた田地のこと。名田の持ち主は「名主」、大きな名田を所有する人は「大名主」というわけで、大きな土地を治める人を「大名」と呼んだのです。

とはいえ同じ大名でも、室町時代、戦国時代、江戸時代では意味合いが異なります。室町時代、1国〜数カ国規模を領地とする守護職に任命された大名は「守護大名」と呼ばれました。守護職の継承《けいしょう》は制度に則り、将軍の決定のもとに行われました。職位も領地も一族に固定され、基本的には親から子へと受け継《つ》がれていたのです。

しかし応仁の乱を経て、将軍職の価値は下落。職位制度そのものが形骸化《けいがい》します。そのため、下位が上位をしのぐ「下剋上《げこくじょう》」が続発。将軍のみならず、守護などの支配者は退場し、代わって実質的に土地を支配する人々が活躍《かつやく》するようになりました。

彼らは各地で大名化し、戦国時代の大名、つまりは「戦国大名」となっていきます。

おもな戦国大名

前述の守護代は、その代表格です。

守護代の上役だった守護は、幕府内の地位、つまり都での立場と権威《けんい》を保ち続けるため、京から離《はな》れるわけにはいきません。

そのため下位の守護代は、守護の代理人として現地で一揆《いっき》などに対応しました。その際、土地に根づいた武装の民をまとめあげ、直属の家臣にしていったのです。

守護よりも強大な力をもつようになった彼らは、中央政権から独立し、自主的に領国運営をはじめます。権威を自ら作り上げ、権力も獲得《かくとく》し、大名家の体裁を整えていきました。織田信長が生まれた、尾張《おわり》（現在の愛知県西部）の織田氏も守護代の一族です。

そのような守護代の家系をさらに遡《さかのぼ》ると、守護家の分家かその家臣、もしくは守護所有地の「国人」などでした。

　国人とは古くから中央政権に仕えていた武士で、全国の公領に配置され、代々その土地の徴税《ちょうぜい》と治安維持《いじ》を担ってきた人々のこと。彼らのなかには守護代にならず、そのまま国人として1国の土地を独自支配した家もありました。

　彼ら国人は、守護代の上役の守護と、立場的には対等であると自認していました。そのため勢力を増す守護代に反発して武力を備え、彼らと同じように戦国大名化していったのです。そのような国人出身の大名に、安芸《あき》（現在の広島県西部）の毛利《もうり》氏、近江《おうみ》（現在の滋賀県）の浅井《あざい》氏、そして徳川家康《とくがわいえやす》が生まれた、三河《みかわ》

そのころ、世界では？

1479年スペイン王国成立

カスティリャ王女イサベルとアラゴン王子フェルナンドの結婚《けっこん》ののち、王子の即位《そくい》を待って２国が合同しスペイン（イスパニア）王国が成立しました。スペインはこの両王の統治のもと、ローマ・カトリック教会を保護し、イスラーム勢力を退けました。

（現在の愛知県東部）の松平《まつだいら》氏などがいます。

守護代と国人の台頭はめざましいものでしたが、もちろん守護代の上役の守護にも、権勢をそのままに戦国大名化した一族がいました。甲斐《かい》（現在の山梨県）の武田《たけだ》氏、常陸《ひたち》（現在の茨城県）の佐竹《さたけ》氏、薩摩《さつま》（現在の鹿児島県西部）の島津《しまづ》氏などがその例です。

彼ら戦国大名のうち、戦乱の世を生き抜《ぬ》いた家は、江戸幕府の新しい制度のもと、1万石以上の知行《ちぎょう》（支給された土地とその生産高）を得て、江戸時代の大名となりました。ところで、守護や守護代そして国人は、おおむね中央貴族の子孫や古代地方豪族《ごうぞく》の子孫でしたが、そうではない身分の人々からも戦国大名は現れました。足軽出身といわれる豊臣秀吉《とよとみひでよし》はその代表でした。

彼らが実際にはどのような人物で、どのような戦場を生き抜《ぬ》いたのか、くわしく見ていきましょう。

乱暴され略奪《りゃくだつ》され、犠牲《ぎせい》になった人々

戦国時代の戦場には茶売りがいた、と言ったら信じる人はどれほどいるでしょうか。ですが実際に当時の戦場では、商人が茶や雑炊《ぞうすい》そして兵糧《ひょうろう》を売り歩いていました。敵味方を超《こ》えて商いをする彼らは、戦国期を語るさまざまな文献《ぶんけん》に現れます。

商人たちは金儲《かねもう》けのためならば、危険をかえりみず戦場に出没《しゅつぼつ》しました。しかし、そうした習慣を利用して商人のふりをして近づき、攻撃《こうげき》をしかけて来る者もいたようです。

しかし商人がいたからといって、戦場の食糧《しょくりょう》供給が安定していたわけではありません。戦況《せんきょう》が激化して長期戦になると、兵士たちは飢《う》えに飢え、戦場は地獄《じごく》絵図と化しました。

当時、兵士たちは飢餓《きが》を覚悟《かくご》して戦場に向かいました。木の実をもぎ、草の葉から樹皮、根まで掘《ほ》り出して、食べられそうなものはすべて拾い歩く。それさえなくなったときには商人を探し出し、武具を売り払《はら》うこともあったそうです。

商人は値がつくものなら何でも売り買いしました。盗品《とうひん》であろうと武器であろうと、

人間であろうと商品にしました。当時はとうぜんのように奴隷《どれい》市場が存在したのです。いくさの混乱で生け捕《ど》りにされ犠牲《ぎせい》となったのは、おもに女性や老人、子どもたちでした。彼らは、男女年齢《ねんれい》の区別なく略奪《りゃくだつ》の対象としました。

略奪は「乱取り」と呼ばれ、兵士たちは敵地の人をさらい、身代金をかけたり、召使《めしつか》いとして売り飛ばしたりしました。家屋を破壊《はかい》し、さまざまな物を略奪し、村や町に火をかけ焼き払《はら》い、田畑を荒《あ》らして回る「刈田狼藉《かりたろうぜき》」と呼ばれた暴虐行為《ぼうぎゃくこうい》をしたのです。

しかしながらそうした行為は、一般《いっぱん》的な食料補給活動であり、敵の資源を削《そ》ぐ戦略でもあり、軍事作戦のひとつとされていました。刈田狼藉は戦場となった土地で行われただけでなく、進軍の道中でも実行されました。土地の有力者が略奪禁止を願い出て、家財と人の乱取りが行われずにすんでも、武具や馬の飼料については略奪が黙認されることもあったといいます。

敵対する2つの勢力にはさまれた境界の村落は、とりわけ地獄《じごく》をみました。双方《そうほう》から攻《せ》められる可能性があったため、最悪の事態を回避《かいひ》できるよう、それぞれの陣営《じんえい》に年貢《ねんぐ》を半分ずつ納めるなどして、常に警戒《けいかい》する必要がありました。

戦国時代、とくに前期から中期の戦陣《せんじん》において、騎馬《きば》姿の武士は1割にすぎません。そのような騎馬武者に足軽が数人付き従い、主君と共に戦います。足軽の下に下人がいて、主君の馬を引き、槍《やり》を持って助けていました。さらに人夫や夫丸と呼ばれる人々も大勢雇《やと》われて、雑務をこなしました。陣営《じんえい》の大半は兼業《けんぎょう》の農民たちでした。

なかでも農民の多くは、食べるために積極的に戦場に出ました。

田植えが終わってから収穫に入るまでの時期、そして厳しい冬場は戦場が唯一《ゆいいつ》の稼《かせ》ぎ場となったのです。飢饉《ききん》で食べるものがなくなると、雇われて兵士になる以外、選択肢《せんたくし》はありません。とくに農家の二男、三男坊《ぼう》などは、口減らしの出稼《でかせ》ぎに行かなければ、ほかの家族の生存に関わりました。

彼らは大半が期間限定の雇用《こよう》で、大名や家臣など雇用主と、正式な武士の主従関係を結ぶわけではありません。臣下とはみなされず、たとえ戦場で活躍《かつやく》したとしても恩賞は出ませんでした。そのかわり少しの食べ物や、略奪行為で得られる家財や男女を売り払い、稼ぎの手段としたのです。

略奪行為をしたのは、出稼ぎ農民ばかりではありません。

なかでも「悪党」と呼ばれる武装集団は、いくさとなると集結し、激しい乱取りを繰《く》り返しました。プロの盗賊《とうぞく》として腕《うで》を見込《みこ》まれ、敵陣《てきじん》をかく乱したのです。

彼らの得意技は真夜中の奇襲《きしゅう》。太陽の下で騎馬武者が名乗りをあげ、勇ましく斬《き》り込《こ》むのとは反対に、もっぱら忍《しの》びの行動を取りました。家財の略奪はもちろんのこと、人さらいも得意中の得意。敵地から人をさらってきては、味方になれば返してやると脅《おど》したようです。

腕利《うでき》きの悪党は雇用主にとって、勝利につながる貴重な人材でした。大名は競うように彼らを雇《やと》い入れ、いくさに役立てました。

ただし彼らは寝返《ねがえ》りも得意でした。正式に主従関係を結ぶような者でもなく、稼ぎによって誰《だれ》にでも雇われるので、雇用主にとっては悩《なや》みの種でもあったのです。味方についたかと思えば、明日には敵方にいる。悪党は役立つ一方で、厄介《やっかい》な存在でもありました。

しかしながら戦国時代において、立場が逆転するということは、よくあることです。優勢と劣勢《れっせい》、身分の上下が容易に入れ替《か》わりました。立場を守る制度もなければ、損害を回復する法律もありません。武力が自分を守る唯一《ゆいいつ》の手段でした。力を失えば、敗北と死が待っています。

戦場では加害者が、同時に被害者《ひがいしゃ》ともなりました。兵士自身が乱取りの対象となったのです。とくに下層の農民、雑兵と呼ばれる階層は、略奪者であると同時に、捕虜《ほりょ》として生け捕《ど》りにされる戦争被害者でもありました。

天災によって飢饉《ききん》が生じ、飢《う》えた農民たちが戦場に出稼《でかせ》ぎをして、飢饉の原因となる刈田狼藉《かりたろうぜき》をする。そしてまた飢饉となり出稼ぎをして……。

戦国時代はそのような悪循環《じゅんかん》の時代でした。

雇用主である陣営《じんえい》は時に組織的な略奪を行いましたが、下層には、許可なしに略奪をするな、略奪ばかりに専念するなと命じ、またそうした行為を恩賞の対象にしませんでした。行き過ぎた略奪行為が味方の陣地《じんち》におよび、領地の生産力を損なうこともあったからです。また略奪に夢中になるあまり、任務をおろそかにする者もいました。手柄《てがら》とされるのは基本的に、武士が武勇をもって活躍《かつやく》し、首級をあげるといったような、明確な戦果のみでした。

とはいえ、略奪の許容なくして人員の確保は困難でした。雇用主は暴発に苦慮《くりょ》したものの、略奪行為は領民の豊かさに直結し、陣営《じんえい》の戦力を高め、領内の平穏《へいおん》につながる欠かせない手段だったのです。

暮らしが安定しなければ一揆《いっき》が発生します。大名は反乱を抑《おさ》えるためにいくさを続け、そのたびに周縁《しゅうえん》の農民は翻弄《ほんろう》されました。

けれどもそうしたいくさの様相も、戦国時代後期に変革が生じます。

織田信長が現れ、兵農分離《へいのうぶんり》策により戦闘《せんとう》員の専業化をすすめます。豊臣秀吉や徳川家康の治世下では私闘《しとう》や武器の所持が制限され、刈田狼藉の抑制《よくせい》も強まります。

身分制度も整備され、兼業《けんぎょう》兵士は農作に従事するか、戦闘者の道に進むか、判断を迫《せま》られました。

とくに大名と正式な主従関係にあった地侍《じざむらい》と呼ばれる有力武装農民は、そのような時代の変革を正面から受けたのです。

column 1

天下人の家紋《か》《もん》とヨーロッパの紋章《もん》《しょう》

変革期がきっかけで成立した家紋と紋章

家々を区別する「家紋」は、当初公家の専有物でした。牛車を区別するために、家ごとに定めた紋で車を飾ったのがはじまりといわれています。武家が家紋を使いはじめた理由は、旗の意匠に使用して、戦場で他者との差別化を図るためでした。武家の台頭に伴い武士の数が増えると、分家の創設などで家紋も増加。「下賜紋《かしもん》」といって武勲《ぶくん》を立てた武士に朝廷《ちょうてい》が授ける紋もあり、1つの家が複数の家紋を有しました。江戸時代まで存続した武家は、複数ある紋のうち代表を定紋《じょうもん》、残りを替紋《かえもん》として使い分けています。

織田家の家紋「織田木瓜《もっこう》」は「木瓜紋」から派生した図案で、信長の父・信秀が、主君の斯波《しば》氏か、朝倉氏から賜ったものとされています。花のような意匠ですが、「木瓜」が何を表すかは、瓜の断面図や鳥の巣など諸

日本の家紋とヨーロッパの紋章

ロンドンデリーの紋章
思案する骸骨

豊臣家の家紋
太閤桐

織田家の家紋
織田木瓜

説あります。豊臣家の家紋といえば、桐の葉や花を図案化した「太閤桐《たいこうぎり》」。秀吉が、信長または足利義昭《よしあき》から賜った紋とされています。徳川家の家紋は家康が、家臣の酒井家もしくは本多家から譲り受けたという「三葉葵《みつばあおい》」です。徳川将軍家は上位の権威にすがる必要がなく、家紋は定紋のみでした。

ヨーロッパには家々のみならず共同体が使う「紋章」がありました。日本とは対照的にカラフルで、裸体や骨など意匠も多様。イギリス北アイルランドのロンドンデリーでは、イングランドとの抗争のなかでカトリックを揶揄《やゆ》し図案化されたという「思案する骸骨《がいこつ》」が、都市紋章として使用されています。

もつべきものは地侍

戦国時代の前期から中期、いくさに参加した多くの兵士は、実際には出稼ぎ農民や、浮遊民と言われる悪党など一般階層の人々でした。

ここでは一般階層のなかでも、ひときわ優れた武力を誇《ほこ》る「地侍」について見ていきます。

地侍、または土豪《どごう》と呼ばれる彼らの多くは、鎌倉《かまくら》時代以前から、自分たちの手で土地を切り拓《ひら》き、農作を続けてきた人々でした。

土地を守るために自ら武装し、地域で結束を固め、戦闘《せんとう》能力をやしなって、幾《いく》つもの時代を乗り越《こ》えてきた一族です。規模はそれぞれで異なりますが、多くが小作人を雇《やと》って農村を営むような名主や大名主たちでした。

身分はあくまで農民ですが、名字を持ち、自他ともに認める戦闘員でもあります。戦乱の世は彼らにとり、武器の入手がしやすく、そのうえ身分の上下もゆらぎはじめたこともあって、勢力を伸ばす機会となりました。

彼らはまた周辺の勢力と結びつき、一揆《いっき》の中心的存在ともなりました。支配者に反発し、納税を拒否《きょひ》することもあったそうです。

彼ら地侍は、大名にとって決して無視できない勢力でした。土地に根付いているので地の利を知りつくし、情報戦にも長けていました。地侍をどれだけ引き入れられたかが陣営の勝利につながったのです。地侍たちは間違《まちが》いなく、戦国時代のいくさの主力を担っていました。

彼らは基本的には大名や武将に直接に仕える、直臣として活動しました。

その奉公《ほうこう》の形態によって、地侍は2つの集団に分けられます。

1つは、有事平時に関係なく、主君のそばに仕え、

そのころ、世界では？

1492年コロンブスがアメリカ大陸到達

スペイン国王の支援《しえん》を受けたコロンブスは、トスカネリの地球球体説に基づき大西洋を横断してアジアを目指しました。コロンブスが到達した大陸は探検家アメリゴ・ヴェスプッチの名からアメリカ大陸と呼ばれ、先住民はインディオと呼ばれました。

ともに戦う人々。もう1つは、有事の際のみ戦陣《せんじん》に参加し、軍役を負担する人々でした。

前者は常に主君のそばにいるため「家中」のうちに数えられ、おのずと村にいる時間は少なくなりました。一方後者は在村被官《ざいそんひかん》と呼ばれ、より農民と距《きょ》離《り》が近く、主君には、雇《やと》われ侍《さむらい》といった気風が強まります。

ですがどちらにしても本拠地《ほんきょち》は、自分たちが切り拓《ひら》いたか先祖《せんぞ》代々《だいだい》が居住する、農村内部の屋敷《やしき》でした。彼らの屋敷はいくさとなると、防衛拠点《きょてん》として使われることも多かったといいます。

しかしなぜ独立性もあり、優れた戦闘《せんとう》能力をもつ彼らが、戦国大名に仕えたのでしょうか。支配者である大名の多くは、必ずしも古くからの領主ではな

戦国時代の身分構造

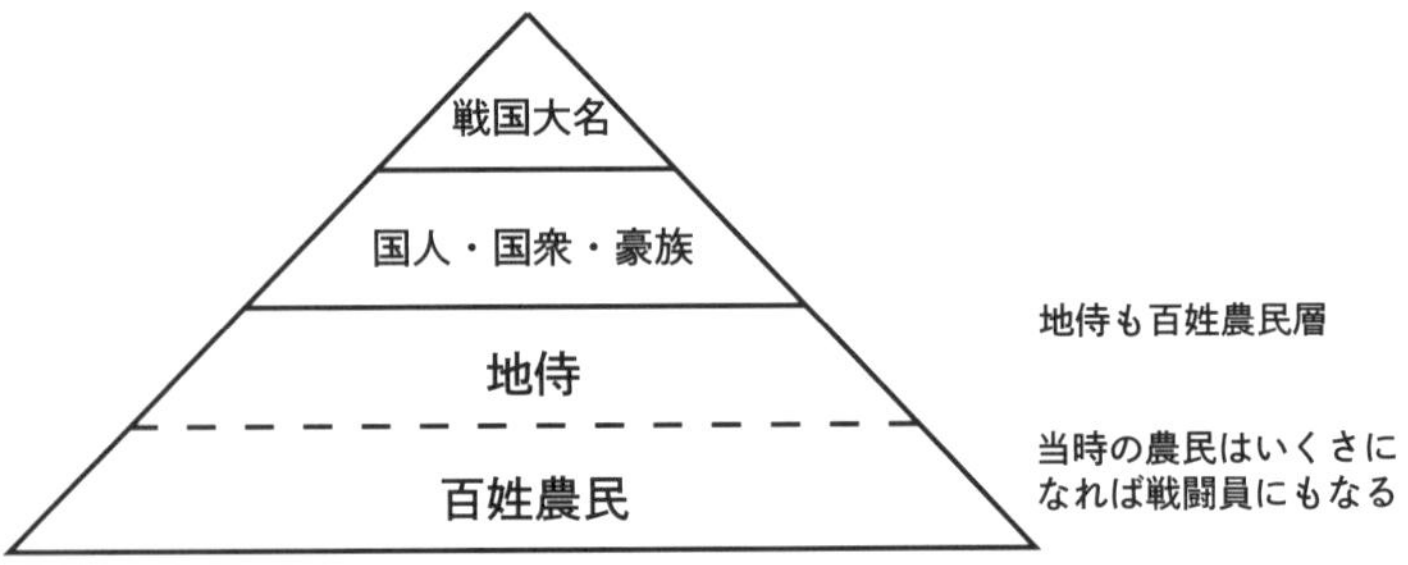

いのです。

それにはやはり、戦乱の世という情勢が深く関わります。

いくさが増えて、領国の敵対勢力が自分たちの地域に攻《せ》め込《こ》むとなると、地侍は土地を守るため、戦国大名の動員に応えざるを得ませんでした。戦場に出て戦果をあげると、彼らは土地にかかる税を免除《めんじょ》されました。免税《めんぜい》対象となった土地は「給田《きゅうでん》」と呼ばれ、とうぜんのこと、収穫物《しゅうかくぶつ》は全て耕作者である地侍のものとなります。このような慣例のもと、彼らは家臣化していったのです。給田は今もなお、全国各地の地名に見られます。

とはいえ家臣化したからといって、地侍は必ずしも全面的に、主君にひれ伏《ふ》したわけではありません。

彼らの強さの源は、土地そのもの。

土地を守るため、「一所懸命」死に物狂《ものぐる》いで戦うから強いのです。

つまりは農作が最優先。田植えや稲刈《いねか》りが近づくと、厭戦《えんせん》気分が広まり戦いのさなかでも村へ帰ってしまう者がいたほどでした。

もちろん時代が進むと信頼《しんらい》関係も築かれ、恩賞も受け、主君に対する忠誠心をもつ者も増えたはずです。けれども地侍にとって、そもそも土地は自分たちのものという思いが強く、それが給田になったからといって、領主から与《あた》えられた有り難いもの、という考えにはならなかったようです。

地侍の全員が全員、実直に軍役を果たしたわけではありませんでした。

そのような地侍でも、ある程度存在が認められる理由がありました。大名たちは彼らを罰《ばつ》したところで、主要戦力を損なうだけです。

土地に根差した地侍は、戦国大名の多くが戦乱に乗じて成り上がった勢力だと知っていました。

そのため戦国大名も地侍の力をあなどらず、時には恐《おそ》れさえ抱《いだ》いて制御《せいぎょ》を試みました。戦国時代に活躍した大名家の多くは、多くの地侍を尊重し、協力を得られた者たちだったともいえます。

たとえば関東一円に領国を築いた北条氏も、そのような大名家の1つでした。

北条氏《ほうじょう》に仕えた猛者《もさ》

北条氏4代当主の弟、北条氏照《うじてる》に仕えた地侍に、小田野《おだの》という一族がいます。

1559年ごろ、氏照は甲斐《かい》に対する西方の押《お》さえとして、多摩地域の領国支配を進めました。

当該《とうがい》地域は養父の一族である大石《おおいし》氏が長年統治していましたが、氏照はそれを継《つ》ぐと、大石氏に仕えていた地侍の面々《めんめん》を自身の陣営《じんえい》に再編成しました。

小田野氏もそのような、もとは大石氏に仕える地侍でした。武蔵《むさし》（現在の東京都、埼玉県、神奈川県の一部）八王子領由木郷《ゆぎごう》の有力武装農民です。

彼らは氏照の下で、本拠地の給田（報酬《ほうしゅう》として与えられた田地）以外にも給分（報酬として与えられた金銭など）を受け取る働きぶりをみせ、陣営には欠かせない有力家臣となっていきました。

たとえば1561年、小田野氏は氏照から感謝状をおくられ、太刀や所領を与《あた》えられています。

同年は氏照にとって、危機的な状況《じょうきょう》でした。

越後国《えちごのくに》（現在の新潟県）の上杉謙信《うえすぎけんしん》（長尾景虎《ながおかげとら》）が関東に侵攻《しんこう》し、北条氏の本拠地《ほんきょち》・小田原城《おだわらじょう》（神奈川県小田原市）へ軍を進めていたのです。氏照は地侍に防衛を指示します。

小田野一族の地侍たちは敵を屋敷《やしき》で食い止めて、相手方15人の首を取り、期待以上の活躍《かつやく》を見せました。太刀や所領はその恩賞として与えられたのです。

この戦いに集結した地侍は、氏照の家中に名を連ね、陣営の主力となりました。

その後も戦略を考案させたり、人質管

北条氏の勢力範囲と小田野城の位置

理を任せたり、使者としたりと、氏照の小田野氏への信頼《しんらい》は確かなものになっていきました。

けれども信頼度が高まり、主君の期待に応えるとなると、それ相応の武器、装備、兵《ひょう》糧《ろう》が必要となってきます。地侍にとって軍役は、農村経営を圧迫するものでもあったのです。氏照は彼らが破綻《はたん》しないよう、適切に恩賞を与えました。

家中の大半は地侍であり、兵力を維持《いじ》するためには、戦国大名側にも気配りが必要だったのです。

子孫は新選組《しんせんぐみ》？

氏照の配下には、主君のそばに仕えた小田野氏とは違《ちが》って、在地に住み続けた地侍もいました。現在の東京都日野市あたり、三沢《みさわ》郷の地侍です。軍役の見返りは給田のみ。前述の在村被官《ざいそんひかん》と呼ばれる立場でした。

彼らは三沢十騎衆《みさわじゅっきしゅう》と呼ばれ、その中心的な存在に土方氏が知られています。

幕末の浪士《ろうし》、新選組の土方歳三《ひじかたとしぞう》は、この土方氏の子孫ともいいます。

彼ら三沢十騎衆は、いくさとなれば周辺の農民を引き連れて軍役を果たしました。小田野氏が見せたような活躍《かつやく》は伝わっていませんが、面白い記述が残っています。

参陣にあたって氏照が「軍法通り、兜《かぶと》の前立てをしっかり飾《かざ》り立て、きらびやかな出で立ちで来なさい」、「旗も古いままではなく、きちんと新しいものを用意しなさい」などとわざわざ命じているのです。

つまり軍役を果たしたといっても、装備を詳《くわ》しく指示されなければいけないほど、重用はされていなかった、ということです。

同じ地侍でも、本拠地以外の給分をもらっていた小田野氏とは、ずいぶん扱《あつか》いが違《ちが》います。奉公《ほうこう》の形態が異なると、主君との結びつきも変わったのです。

東京都中野区在住の地侍

15世紀前半、現在の東京都中野区から杉並区におよぶ地域は、武蔵国多東郡（多摩郡東部）中野郷と呼ばれていました。中野郷を開墾《かいこん》したのは堀江《ほりえ》兵部《ひょうぶ》という人物です。

兵部は越前《えちぜん》（現在の福井県北部）から農民18人を引き連れてやって来て、中野の地に定着。約900坪《つぼ》規模の屋敷を建て、周囲に土手を築き、堀《ほり》をめぐらして、広大な農村を開発しました。

以降、堀江氏は地侍として、この地に君臨します。

1524年、高輪原（東京都港区高輪）の戦いで、北条氏綱《うじつな》に領主の上杉朝興《うえすぎともおき》が敗走すると、中野郷は北条氏の支配下に入りました。

堀江氏は同時代、中野郷の小代官を務め、地域の発展に貢献《こうけん》します。

堀江氏所有の道祖神はこの地の信仰《しんこう》の対象となり、村は月に6度の市、六斎市《ろくさいいち》でにぎわったそうです。

そのころ、世界では？

1519年 マゼランが世界周航《しゅうこう》に出発

1519年、マゼランの船団はスペイン国王カルロス1世の命を受け、西回りにモルッカ諸島にわたる航路を拓《ひら》くため出航しました。マゼランの船団は南米大陸を越《こ》えて太平洋へ出る航路を発見し、1522年、スペインに帰還《きかん》して世界周航を果たしました。

堀江氏も三沢十騎衆と同じく北条氏配下の在村被官でした。彼らが開発した中野郷の光景は、地侍の住む土地の典型的な景観として伝えられています。

地侍なくして農村経営は成り立たず、農村なくして領国は成立しません。戦国大名にとって彼らは、領国運営に欠かせない集団だったのです。

万能大名、藤堂高虎《とうどうたかとら》

戦国大名の藤堂高虎は、家臣に対して実力主義で臨みました。交渉《こうしょう》や情報収集、大船建造、築城、野戦海戦にいたるまで、身分を問わず適切で有能であれば、どのような人物でも登用しました。

彼は生涯《しょうがい》に7度も主君を替《か》えています。

世渡《よわた》り上手、不忠義者という評価もありますが、単に誰《だれ》を雇《やと》うか誰に雇われるかを、同じように相手が有能であるかないか、その実力だけで判断した結果ともいえます。

彼がそのような見識を養ったのは、自分自身が身分に関係なく、実力だけで成り上がったから、といえるでしょう。

藤堂高虎もまた、地侍の出身でした。

1556年、高虎は近江国の犬上郡藤堂村（滋賀県甲良町《こうらちょう》）に誕生します。一族はいくさ上手で知られていたようです。生まれた村の名が「藤堂村」ですから、藤堂氏は周辺地域の有力者、地侍だったといわれているわけです。

父親は、上杉謙信に仕えていたそうです。

高虎は武士として名をあげるために、仕官の道を求めて諸国を渡《わた》り歩いた「渡り奉《ほう》公人《こうにん》」でした。父親も彼と同じように有力大名を求めて旅をしたといいます。高虎は幼いころ、そのような旅の話を耳にしたの

藤堂高虎が仕えた主君とその期間の活躍

- 1570年〜 **浅井長政** 姉川の戦いで功績を上げる
- 1572年〜 **阿閉貞征** 短期間で出奔
- 1573年〜 **磯野員昌** 短期間で出奔
- 1575年〜 **織田信澄** 短期間で出奔
- 1576年〜 **羽柴秀長** 非常に慕っていて、多くの功績を上げる
- 1591年〜 **豊臣秀保** 秀長が亡くなり、跡継ぎの秀保に仕える
- 1595年〜 **豊臣秀吉** 朝鮮出陣に尽力する
- 1600年〜 **徳川家康** 関ヶ原の戦いで功績を上げる

かもしれません。

当時の地侍の子どもにとって、武士となり武将となり、大名に出世することは、最大の夢だったのでしょう。

実際にそのころの大名家は、地侍からとはいいませんが、自身の力でその地位を得た一族ばかりです。

しかしながら、そんな戦乱の世の風潮に若者の自信が加われば、とうぜん問題が生じます。

高虎は約190センチメートルの長身で、体格もよく腕力《わんりょく》もありました。気も強くて行く先々で衝突《しょうとつ》し、とても1人の主君に仕えることはできず、近江国内を転々と渡り歩きました。

はじめ高虎は、北近江（現在の滋賀県長浜市、米原市など）の戦国大名、浅井長政《ながまさ》に仕えました。しかしそこで刃傷《にんじょう》事件を起こしてしまい出奔《しゅっぽん》。続いて同じく北近江の山本山城主、阿閉《あつじ》氏に仕えます。さらには佐和山《さわやま》城主の磯野《いその》氏、そして信長の甥《おい》にあたる大《おお》溝《みぞ》城主、織田信澄《のぶずみ》に仕えました。

ここまで高虎は４人の主君に仕えています。生涯《しょうがい》で7度の転職ですから、８人の主君に仕えたことになります。残るは４人。

１５７６年、21歳《さい》の高虎は、秀吉の異父弟である羽柴秀長《はしばひでなが》に仕えます。知行は３００石でした。

当時は織田信長が安土城《あづちじょう》（滋賀県近江八幡市）築城の大工事をはじめたころでもあります。高虎は秀長の下で築城法を学び、職人や工匠《こうしょう》など工作技術に関する人脈を広げたようです。

もちろんそれだけで終わらず出世を続け、高虎は32歳になると2万石を与《あた》えられるほどの武将に成長しました。

秀長が亡くなるとその養子、豊臣秀保《ひでやす》に仕官。けれども秀保の急死で主家が断絶すると、高虎は武士をやめようとします。しかし秀吉に説得され、ついにはその直臣となるのです。

秀吉の死後は家康に接近。関ヶ原《せきがはら》の合戦後は20万石の大名となりました。

こうして8人の主君に仕えた高虎は、築城の名人と称《たた》えられ、各地に名城を残しています。二条城（京都府京都市）や大坂城《おおさかじょう》（大阪府大阪市）、江戸城（東京都千代田区）など有名な城郭《じょうかく》もふくむ、さまざまな築城・修繕《しゅうぜん》に関わりました。

高虎は、また家臣を大切にしました。

他家に仕官したいと望む者があれば、茶会を催《もよお》して太刀まで与え、気持ちよく送り出したといいます。その際、新しい仕官先が合わなければ、自分の家臣に戻《もど》ってきてもよい、もとの知行を保証しよう、と言い添《そ》えたそうです。

現代企業《きぎょう》でも、そのように退職者を送り出す組織は少ないでしょう。高虎の、高度な人材マネージメント力がうかがえます。

高虎がそうした出戻《でもど》りを許容できたのは、自分自身が下層の出身で、上昇志向《じょうしょう》を持ち続けたからにほかなりません。地侍という出自は彼にとって、何よりの強みになったのでしょう。

たくましく生きた者たち

１５９０年、北条氏は豊臣秀吉に倒《たお》されます。関東一円に広がる国家も、終焉《しゅうえん》の時が来たのです。戦国時代は末期に近づき、やがて江戸時代を迎《むか》えます。

けれども土地が消えたわけではありません。

人は死んでも、家名は残ります。

北条氏の地侍は、その後もそれぞれの道を歩みました。

小田野氏は武家となり、水戸の徳川家に仕官しました。氏照のそばに仕え、屋敷《やしき》を離《はな》れていたので、所有地にはこだわらなかったようです。

三沢十騎衆は反対に、自分たちの村に残り、豊臣政権の支配を受けました。

中野郷の堀江家も同様です。太閤《たいこう》検地（秀吉が実施した全国規模の測量と調査）によって地域は解体され、所有地は縮小しますが、江戸時代も名主として存続します。彼らは武士でも領主でもなく、農村の長となったのです。

北条氏を倒《たお》した秀吉のもと、藤堂高虎は活躍《かつやく》を続け、江戸幕府では32万3950石の大大名になりました。

戦国時代のいくさに欠かせない存在、地侍。

彼らは戦乱のうねりに翻弄《ほんろう》されながらも、それぞれの立場でたくましく生きました。

そのうねりの源動力となって、時代を先へ先へと進めたのが、織田信長、豊臣秀吉、徳川家康、3人の天下人です。

地侍の力を知りつくし、彼らを使いこなして世に出た3人は、どのような社会を築いたのでしょうか。

天下餅《もち》はどんな味？

織田がつき、羽柴《はしば》がこねし天下餅《もち》、すわりしままに食うは徳川。

この狂歌《きょうか》は、戦国時代の変遷《へんせん》と天下人それぞれの個性を、よく表しています。

戦国後期に出現し、文明化への道を強引なまでに切り開いた織田信長。

信長の後継《こうけい》として、戦乱の世を制御《せいぎょ》しようと試みた豊臣秀吉。

秀吉が打ち立てた制御法を、より強固に、さらに完全にして、250年以上にわたる「平和」を実現した徳川家康。

古代から続く既存《きそん》の支配制度は、戦国時代に徹底《てってい》的に否定されました。人々は混乱に陥《おち》りましたが、時代は信長、秀吉、家康の3人に新しい制度を求め、3人はそれぞれのやり方で応じました。

3人のなかでも唯一《ゆいいつ》、その要求に「正解」を突《つ》きつけたのが、徳川家康だったのです。狂歌にある「天下餅」は、家康だけが口にできました。餅《もち》は彼だけが到達《とうたつ》した「安定的な支配制度」、つまりは制度が約束した「江戸時代の平和」そのものと見なせます。

しかしながら時代がその「平和」を獲得《かくとく》する過程において、寺社、武家、公家の国家を支えていた権門勢力は、踏《ふ》みつけられ、切り離《はな》され、押《お》し出され、痛みをともなう壮《そう》絶《ぜつ》な変革を迫《せま》られました。

踏《ふ》みつけられた寺社

鎌倉時代、仏教界では分かりやすい教えを広めようと、新しい宗派が次々と成立しました。武士が台頭するにつれ、貴族が独《どく》占《せん》していた思想や文化が広まり、武家のみならず民衆の間にも普及したのです。その動きをとらえて、より受け入れられやすい宗派がはやりました。

たとえば浄土宗《じょうどしゅう》や浄土真宗《しんしゅう》は、阿弥陀仏《あみだぶつ》の力を信じて念仏を唱えるだけで救われるという「他力」の思想で広まり、多くの庶《しょ》民《みん》が信奉《しんぽう》しました。また、新しく支配階級となった武士たちは、臨済宗や曹洞宗《そうとうしゅう》など

禅《ぜん》によって悟《さと》りを得る、禅宗《ぜんしゅう》に信仰《しんこう》を寄せました。

信仰は社会と密接に結びつき、その力は時代が進むたびに拡大しました。戦国時代の到来《とうらい》まで、寺社には公家や武家に劣《おと》らない権威《けんい》と権力があったのです。

鎌倉幕府を滅亡《めつぼう》に導いた後醍醐天皇は、仏法への関心が強く、祈禱《きとう》の力を政治利用しようと、寺社に熱烈《ねつれつ》な信仰を寄せています。そのため彼らを過剰《かじょう》に保護し、土地を寄進するなど支援《しえん》を続けました。足利氏によって自分が滅《ほろ》ぼされる側になると、後醍醐天皇は京を脱《だっ》し、大和国吉野《やまとのくによしの》（現在の奈良県南部）の寺社に逃《のが》れています。

寺社には他勢力の権威《けんい》や権力の侵入《しんにゅう》・介入《かいにゅう》を許さないという絶対的な特権（不輸・不入の権）があり、彼らの領分は文字どおり聖域とされていたのです。

この「侵入・介入を許さない」という不入の主張は、寺社勢力にとってたいへんな強みでした。僧兵《そうへい》団はこの根拠《こんきょ》のもとに武器を手に取り、寺社は武力を形成しました。

ですが、時代が進んで支配制度が崩壊《ほうかい》し、損害があれば自分で報復し権利を守るという「自力救済」の社会になると、人々の信仰、畏怖《いふ》の気持ちは次第に薄《うす》れていきました。権力層に対する宗教者の立場は弱まり、寺社は自分たちを守るため、戦闘に備えて警戒《けいかい》を強めていきます。そのような僧兵団《そうへいだん》と手を組み反発する信徒たちも現れ、組織の怒《いか》りは一揆《いっき》となって噴《ふ》き出しました。

宗教一揆において寺社と民衆は信仰で結びつきましたが、目的に対するその解決手段として選んだのは寺社も民衆も「武力」です。阿弥陀仏などの力に頼《たよ》らず自力で解決する。神頼みから人々が自立しはじめた時代といえるでしょう。

一方で、そのような動きを危険視したのが織田信長でした。信長は武力をもって、仏教勢力を抑《おさ》えにかかります。

1571年（元亀2年）、天台宗の総本山・比叡山延暦寺《ひえいざんえんりゃくじ》を焼き討ち。
1574年（天正2年）、浄土真宗（一向宗）の信徒による、長島一向一揆《いっこういっき》を鎮圧《ちんあつ》。
1580年（天正8年）、浄土真宗の総本山・石山本願寺を圧伏《あつぷく》。

次の章で触《ふ》れますが、その進攻《しんこう》は苛烈《かれつ》なもので、大虐殺《ぎゃくさつ》が行われました。

信長の居城、安土城の石段や石垣《いしがき》には、地蔵など石仏が、石材として利用されています。故意に配置されたものとみられ、築城時の材料不足や、仏の恩恵《おんけい》を期待したものではありません。

信長も武将も、安土城に入る人は、この石仏を踏《ふ》みつけて歩いたのでしょうか。覇道《はどう》の前にしぶとく立ちはだかった権門、寺社勢力。石仏の配置は、信長による指示だったのかもしれません。

そうした推測やあまりに惨《むご》い宗教弾圧《だんあつ》をしたことから、信長はよく無神論者といわれます。ただ、そう言い切ってしまうには問題があります。

当時は、武家、公家、寺社の3つの権門を抑《おさ》え込《こ》んで一元化しなければ、平和の実現は考えられませんでした。支配制度を失った時代にそれを叶《かな》えようとすれば、持ち得る手段は武力以外になかったのです。

武力によって武力を抑え、はじめて実現する「平和」。

今の時代からすると恐《おそ》ろしい考えですが、信長にとってはそれが、もっとも実現可能な「平和」でした。

切り離《はな》された武家

　信長が徹底《てってい》的に踏《ふ》みつけた一揆《いっき》には、もちろん地侍も参加していました。彼らは時にその中核《ちゅうかく》となって、僧兵《そうへい》や農民と協力し、武装蜂起《ほうき》の連合体を作り上げていたのです。

　土地に根付いた地侍の、死に物狂《ものぐる》いの戦い方を、信長はよく知っていました。同時に、彼らが陣営《じんえい》に加わったときの利用価値も、よく分かっていました。

　1560年、桶狭間《おけはざま》の戦いでは、配下の地侍、簗田《やなだ》政綱《まさつな》による情報が、信長に勝利をもたらしています。敵勢の動向を詳《くわ》しく摑《つか》めたのは、地侍がいたからこそ。信長はその恩賞として、簗田に土地を与えています。

　しかしながらその土地は、簗田の本拠地《ほんきょち》から遠く離《はな》

そのころ、世界では？

1562年フランスでユグノー戦争始まる

宗教改革の指導者カルヴァンの教説を信じる新教徒が増加したフランスで、信仰《しんこう》の自由を認める勅令《ちょくれい》に反発した旧教派が新教派を虐殺《ぎゃくさつ》、内戦となりました。旧教徒は新教徒を「ユグノー」（乞食《こじき》）、逆は「パピスト」（教皇の犬）と罵《ののし》りました。

れた場所でした。所有地を1カ所に集中させると、地侍はたちまち脅威《きょうい》となる。それをよく知る信長は、神経を尖《とが》らせていたのです。

厳しすぎても、甘《あま》すぎてもいけない。信長は配下の者に度々《たびたび》そう言い聞かせました。

安土城に移る際、信長は陣営《じんえい》の地侍に、城下町で生活するよう命じています。彼らの力の源である土地、所領と切りはなすためです。戦闘員《せんとういん》は町に、農作者は村に。これにより農閑期《のうかんき》以外の兵士不足も解決し、遠征《えんせい》も可能となりました。

信長はさらに、戦場における地侍も統制しました。悪党どもと一緒《いっしょ》になって乱取りに励《はげ》む彼らを、足軽隊として組織したのです。織田陣営の刈田《かりた》狼藉《ろうぜき》やかく乱工作はもっぱら悪党たちの担当となり、足軽隊は戦いに専念しました。

これら「兵農分離策《へいのうぶんりさく》」によって、信長は天下統一へと進みます。そして信長の作りあげた策は彼の死後、後継者《こうけいしゃ》である豊臣秀吉に受け継《つ》がれていきました。

1590年、北条氏を滅《ほろ》ぼした小田原合戦では、豊臣方の陣営が余裕《よゆう》を見せつけています。

主力の地侍はすでに専業戦闘員。遠方からやって来たにもかかわらず、農作の心配から解放され、いざ刃《やいば》を交えるとなっても雑念なく戦える状態でした。補給体制も万全。秀吉は京（現在の京都府）や堺（現在の大阪府堺市）から商人を呼びつけ、酒も食料も不自由させませんでした。大名の妻女を陣中《じんちゅう》に招き入れ、酒《しゅ》宴《えん》や茶会さえ催《もよお》したのです。その様子は相手方の陣営と比べると、天と地の差がありました。

信長が推し進めた「兵農分離策」なしには、そのような布陣《ふじん》も成り立たなかったことでしょう。秀吉は信長の策を自分のものとして有効に使いました。それどころか信長よりも「兵農分離策」を重要視したといえます。秀吉自身、下層民の出身。底から這《は》い上がる者の力、地侍の脅威《きょうい》は、身にしみて分かっていたはずです。自

豊臣政権で行ったおもな政策

1582～98年	太閤検地	全国の農地の広さや収穫量を調べ、物差しや升などを統一して計測した。
1585年	惣無事令	大名同士の領土紛争など、私的争いを禁止した。
1588年	刀狩令	農民から武器を没収。一揆を防ぎ、耕作に専念させる。
1591年	人掃令	武士が町人・百姓になること、百姓が商人や職人になることを禁止。

分や藤堂高虎のように下層から力をつける人物が、今後も現れるかもしれません。

信長は、地侍の土地と屋敷《やしき》の所有権を認めていました。

けれども秀吉は天下を摑《つか》むため、それさえ否定します。

北条氏を滅《ほろ》ぼして、いよいよ天下統一を果たすと、秀吉は支配制度をきびしく整えていきました。

それらはすべて形を変えた多種多様な切り離《はな》し、分断の手段でした。

農地から武士を切り離し、農民から刀を切り離し、武家から領地を切り離しました。

以前から行っていた日本全国の検地（太閤《たいこう》検地）を完遂《かんすい》し、刀狩《かたなが》りで武器の所有と使用を制限。「惣無事令《そうぶじれい》」で私闘《しとう》を禁じたのです。惣無事令は村落間、大名間の争いを禁じ、違反《いはん》すれば国替《くにが》えなどの処分対象となります。もはや領国は大名のものではなく、国家のものとされ、土地と武家の関係をいつでも分断できる体制になりました。

これにより農民の武士化は完全に食い止められました。検地によって土地の面積と所有者が明確になり、農作と課税から逃《のが》れることもできません。不満があっても、武器がないので、一揆《いっき》を起こすこともできません。身分の固定化です。

戦場は消滅《しょうめつ》し、各地に失業した地侍が溢《あふ》れました。彼らは仕官先を探し武士になるか、農民に戻《もど》るかの2択《たく》を迫《せま》られました。

秀吉は、大名家が武力を保持することは許しましたが、きびしく統制し、あるときは分断することによって、「平和」の実現をめざしたのです。事実、農村社会から武力が切り離されて、ようやく戦国の出口が見えはじめます。

押《お》し出された公家

秀吉によって「自力救済」が禁じられ、かつてのような民衆を巻き込《こ》んだ領土拡張のためのいくさ、私闘《しとう》は終焉《しゅうえん》を迎《むか》えました。時代は新たな支配制度で一時の「平和」を獲《かく》得《とく》し、さらなる進化をはじめます。

このとき、惣無事令など秀吉の法令に効力を加えたのは「朝廷《ちょうてい》の権威《けんい》」でした。秀吉が天皇を補佐《ほさ》する「関白」職に就任し、朝廷の命令であるという形をとって伝えたからこそ、世俗《せぞく》の人々はその権威に従ったのです。

朝廷が依然《いぜん》として権威を保っていた証といえるでしょう。

ただしそれは武家にとって利便性はあっても、形式的なものにすぎませんでした。そのころ天皇に代表される公家はすでに、従来の権力を失っていたのです。関白任官は形だけのもの。秀吉が天皇を補佐《ほさ》するどころか、天皇方が時の権力者である秀吉の顔色をうかがっていました。

古代に遡《さかのぼ》れば、国家権力の頂点は天皇です。

それが平安時代にはじまった武士の台頭で、立場を次第に弱くしました。武家権門と公家権門の力関係は逆転し、やがて執政《しっせい》の場も奪《うば》われました。鎌倉幕府、室町幕府においても同様。政権奪還《だっかん》を試みた上皇や天皇はいましたが、結局は倒《たお》され、公家は表舞台《おもてぶたい》から押《お》

そのころ、世界では？

1555年 ムガル帝国の復活

ムガル帝国は、16世紀はじめにバーブルが北インドに建国したイスラム国家です。初代皇帝は勢力が弱く、2代皇帝フマーユーンはデリーを追われました。1555年にデリーを奪還《だっかん》し、ムガル帝国が復活。その後インド全域を支配する帝国となりました。

し出されてしまいました。

権力も財力も失った公家は、多くが応仁の乱から戦国時代にかけて地方へ下りました。朝廷は人員が不足し、財政難に陥《おちい》ります。武家は権力を増す一方。公家は彼らに経済的援助《えんじょ》を期待して、厳しい時代を生き抜《ぬ》きます。

とはいえ、天皇や公家の存在そのものが、「武家政権＝公儀《こうぎ》」によって否定されることはありませんでした。たとえば、重要な「改元」は複雑な手続きで、公家なくして実行は不可能です。

16世紀を過ぎたころ、武家は自らの権威を補強するため、公家に官位の授与《じゅよ》を求める一方、公家は財政安定のため武家に各種費用の負担を求め、両者は互《たが》いに関係を深めていきました。

秀吉の関白任官も、そのような結びつきのうえで行われたのです。

しかしなぜ、秀吉は将軍ではなく関白に就任したのでしょうか。新法令の効力を高めるという理由だけではないはずです。

そのひとつに、足利義昭の猶子《ゆうし》（我が子同然と認める子）になろうとして拒絶《きょぜつ》されたのでは、という説があります。没落《ぼつらく》したとはいえ、足利氏は将軍職の歴史を有する名家です。その猶子となれば、将軍への就任も誰《だれ》もが認めるところでしょう。けれども義昭が秀吉の提案を聞き入れず、仕方なく関白任官になったという見方です。

一方、秀吉自身がはじめから関白職を望んでいたのでは、という意見もあります。関白とは、国政を総覧する臣下第一の職。つまりは、公家と寺社の実質的支配権を手にできる職位だと見なせるのです。秀吉は将軍職に、公家と寺社の支配権が含《ふく》まれていないことを、重く見ていたのかもしれません。

やはり天下人にとって3つの権門の一元化は、必要不可欠だったのでしょう。

家康にしても同様です。

家康は秀吉の死去前後から、当時の天皇である後陽成《ごようぜい》天皇に薬や鶴《つる》を献上《けんじょう》して、自身の存在をアピールしていました。その後、家康がはじめて単独で参内すると、朝廷《ちょうてい》は彼を正式な酒宴《しゅえん》の作法で迎《むか》え入れています。つまり秀吉亡き後の天下人は、家康であると認めたのです。

しかし一方で、朝廷には他に無視できない人物がいました。

秀吉の遺児、豊臣秀頼《ひでより》です。

関ヶ原で勝利した家康は、全国支配も確実視されていましたが、朝廷はまだ秀頼に「豊臣公儀」の存在を見ていました。

その証拠に、朝廷は秀頼を関白豊臣家の後継者《こうけいしゃ》と見なして、異例の早さで官位を昇進《しょうしん》させています。家康の孫娘《まごむすめ》、千姫《せんひめ》と秀頼の婚儀《こんぎ》には、多くの公家が集まり盛大に祝いました。

このとき朝廷は重大な岐路《きろ》に立ち、未来の支配者を見極める切迫《せっぱく》した局面にありました。家康に対しても丁重に対応し、秀頼の動向も見逃《みのが》しません。公家権門はそのような時代の転換《てんかん》を、誰《だれ》よりも早く感じ取らなければいけない立場になっていました。政権次第で自分たちの立場が決まります。表舞台から押し出されたといっても、ただ時代に流されるのではなく、そうして自らの位置どりをしていました。

しかしながら結局は、家康が豊臣家を打倒《だとう》します。

最終章で触《ふ》れますが、家康は豊臣家が滅亡《めつぼう》すると、武家諸法度《ぶけしょはっと》で武家の、諸宗諸本山《しょしゅうしょほんざん》諸法度《しょはっと》で寺社の秩序《ちつじょ》を統制します。

公家も例外ではありません。禁中並公家諸法度《きんちゅうならびにくげしょはっと》によって公家は新たな秩序を突《つ》きつけられ、朝廷権限も、さらなる介入《かいにゅう》を受けます。

これらはすべて豊臣家が滅亡した後、急速に進められました。家康にとって秀頼という関白候補がいては、寺社と公家の統制も難しかったのでしょう。彼もまた信長や秀吉と同じく、3つの権門の一元化を急いだのです。

そして一元化がついに叶《かな》うとともに、徳川幕府の「平和」がやってきます。その「平和」が日本にどのような社会をもたらしたのか、天下人たちの生涯《しょうがい》を通して見ていきましょう。

戦国時代の偉人❶

関東を制した武士

北条 早雲

Souun Houjou

1432 ～ 1519

「伊豆を統一」ここから戦国時代が始まった

早雲は、5代100年にわたり関東一円に君臨した北条氏の初代として知られる人物です。伊勢新九郎《いせしんくろう》と名乗ったことから、室町幕府の幕臣家・伊勢氏の出身とみられています。京で応仁の乱に巻き込《こ》まれ、駿河《するが》の大名・今川《いまがわ》義忠《よしただ》に嫁《とつ》いでいた姉のもとに身を寄せました。義忠亡き後はその嫡子《ちゃくし》・氏親《うじちか》の叔父《おじ》として頭角を現していきます。

氏親の代行を務める重臣が主家の簒奪《さんだつ》を目論《もくろ》むと、早雲はこれを討ち果たし、甥《おい》の当主就任を助けています。この恩賞として興国寺城を与えられ、彼は権勢を強めました。その後、堀越公方《ほりごえくぼう》の足利茶々丸を倒して伊豆を制圧。戦国時代は、この伊豆討ち入りをもってはじまったとされています。早雲は続けて相模《さがみ》を平定。北条氏の本拠地となる小田原城を手に入れました。武将としては狡《こう》猾《かつ》な戦略で知られる一方、領主としては減税や福祉を重視して、善政を行ったとされています。

第二章

織田信長

大うつけ、誕生 ―信長の出生―

1534年、信長《のぶなが》は織田弾正忠信秀《おだだんじょうのじょうのぶひで》の嫡男《ちゃくなん》として生まれました。幼名は吉法師《きっぽうし》。信長の生まれた織田家は、尾張《おわり》守護代・織田氏の支流にあたります。つまりは守護の家臣の家臣。それにもかかわらず信長の父・信秀は、尾張（現在の愛知県西部）の国人や有力地侍《じざむらい》を指揮する、尾張随一《ずいいち》の実力者として知られていました。

一方で息子の方は青年期、大うつけ（馬鹿者《ばかもの》）で知られていました。瓜《うり》にかじりつきながら町をうろつき、立ったまま餅《もち》を食い、だらしなく人に寄りかかる。そんな信長の姿は、誰《だれ》の目にも「大うつけ」に見えたのです。19歳《さい》のころ、父・信秀の葬儀《そうぎ》でも、袴《はかま》もはかずに太刀《たち》と脇差《わきざし》を縄《なわ》で巻きつけ、異様な出で立ちで出席しました。しかも抹香《まっこう》を摑《つか》んで仏前へ投げつけて帰るのですから、家臣が憤《いきどお》るのもとうぜんです。家督《かとく》を継《つ》ぐと、有力国人の何人かは弾正忠家《だんじょうのじょうけ》を離《はな》れてしまいました。この結果、信長の支配下に残ったのは尾張半国のみ。その半国にしても不安定な有様で、信長に取って代わろうとする近親が周りに何人もいました。

そのような信長に才覚を感じた武将は、たった1人。3年ほど前、同盟のために縁組《えんぐ》みした正室の父、美濃《みの》（現在の岐阜県南部）の斎藤道三《さいとうどうさん》だけでした。道三の見立て通り、信長は25歳の若さで尾張統一を果たします。代々《だいだい》仕えた守護を討ち、兄や弟、叔父《おじ》を殺し、要衝《ようしょう》の清洲城《きよすじょう》（愛知県清須市）と岩倉城《いわくらじょう》（愛知県岩倉市）を手に入れたのです。時の室町幕府将軍、足利義輝《あしかがよしてる》にも謁見《えつけん》し、その名は戦上手で知られていきました。一方、尾張の東に目を向けると「海道一の弓取り」（武力に長けた人）今川義元《いまがわよしもと》が、信長の領土を狙《ねら》って、攻《せ》め込《こ》む構えを見せていました。

行くなら今でしょ ―桶狭間《おけはざま》の戦い―

今川家は名門の武家。当主の義元は甲斐《かい》（現在の山梨県）の武田信玄《たけだしんげん》・相模《さがみ》（現在の神奈川県）の北条氏康《ほうじょううじやす》と渡《わた》り合う猛将《もうしょう》でした。西に向かって領地を拡大し、その支配は遠江《とおとうみ》（現在の静岡県西部）と三河《みかわ》（現在の愛知県東部）に及《およ》び、やがては信長の領国尾張を奪《うば》い取ろうとしていたのです。そこで信長は、尾張と三河の境に位置し、今川方となっている鳴海《なるみ》・大高城《おおだかじょう》（愛知県名古屋市）を奪《うば》おうと、2つの城の近くに計5カ所、攻城《こうじょう》のための砦《とりで》を築きました。それを知った義元は駿府《すんぷ》（現在の静岡県静岡市）を出陣《しゅつじん》。両城の救出に向かったのです。

1560年、「桶狭間《おけはざま》の戦い」が行われました。

今川軍は2万を超《こ》える大軍。信長は本隊わずか2000ほど、別働隊の数も頼《たよ》りにはなりません。多勢に無勢でしたが、織田軍は義元をここで食い止めなければ、そのまま清洲城を奪《うば》われかねない状況《じょうきょう》でした。

しかしながらその窮地《きゅうち》に、信長はまったく動かない。焦《あせ》る重臣を適当にはぐらかして、寝所《しんじょ》に向かってしまいました。もはやこれまで。重臣たちはそう嘆《なげ》きましたが、信長はただ、機を狙《ねら》っているだけで

1560年ごろ東海地方の関係

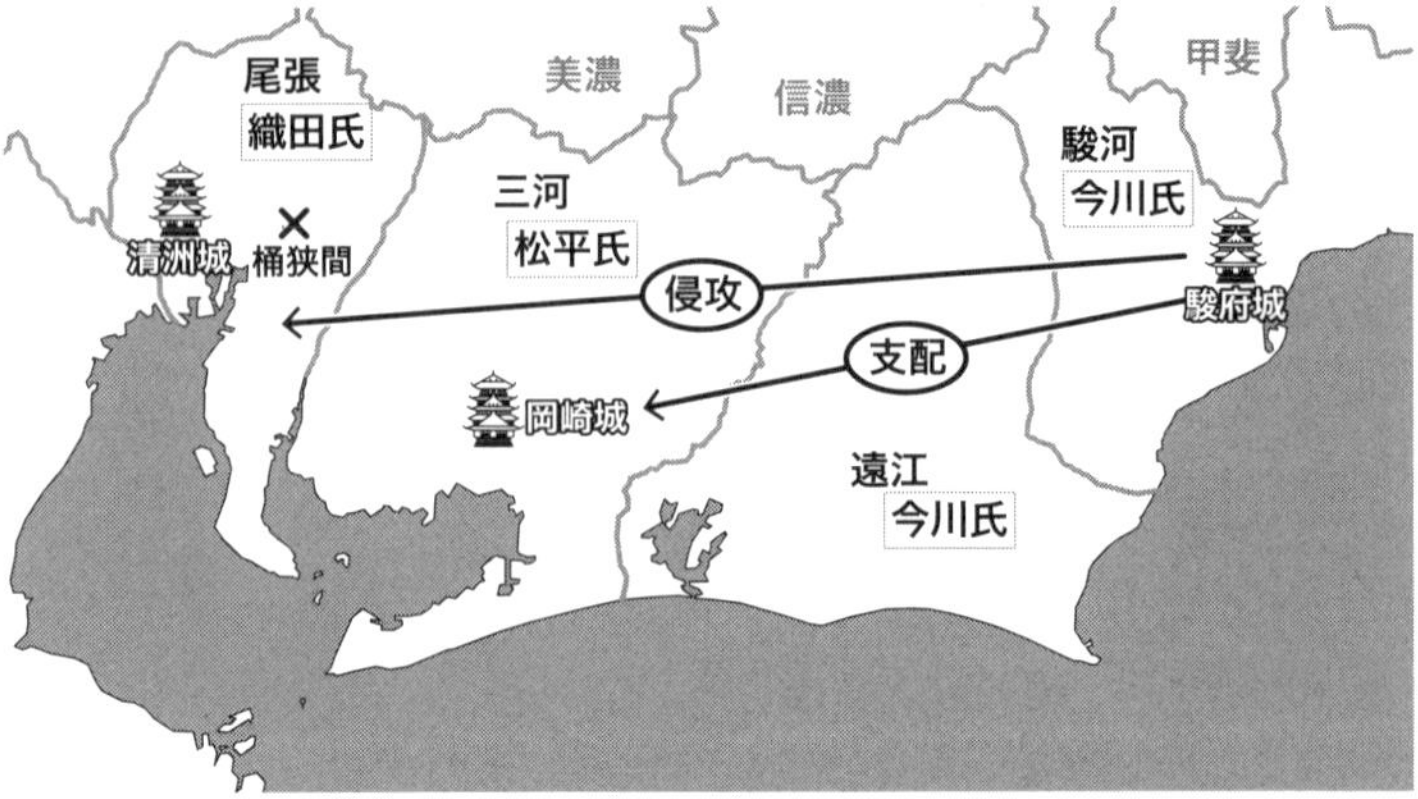

した。数万の軍勢に正面からぶつかっても敵うはずがない。今川軍が砦《とりで》に向かい、分散する時を待っていたのです。

朝になって2つの砦《とりで》、鷲津《わしづ》砦（愛知県名古屋市）と丸根《まるね》砦（愛知県名古屋市）から、今川軍出現の報せが来ると、信長は「行くなら今」と動きました。砦の攻撃《こうげき》に戦力を裂《さ》き、今川の本隊は数を減らしているはず。

「人間50年、下天の内をくらぶれば……」

世の無常を謡《うた》う「敦盛《あつもり》」を舞《ま》い、具足を付けながら湯漬《ゆづ》けをかき込《こ》み、悠々《ゆうゆう》と出馬。出陣《しゅつじん》の指令さえ出さず、信長はたった5騎《き》の供、それから雑兵を数人引き連れるだけで、善照寺《ぜんしょうじ》砦（愛知県名古屋市）に入りました。そこへやがて2000近くの兵士が集結すると、織田軍は中島砦（愛知県名古屋市）に移り、数を少なくした今川本隊と交戦するべく、さらに前進。

今川の軍勢はそれでも大人数ですが、信長は彼らの多くが寄せ集めの非戦闘《せんとう》員だと知っていました。それに比べて信長率いる本隊は、兵農分離《ぶんり》策によって集結した、専業の戦闘員ぞろい。機動力も充分《じゅうぶん》で、勝利の自信があったのです。

折しも空は荒《あ》れ模様。雨風は樹木を倒《たお》すほど強まって、進軍は勢いを増しました。織田軍は一気に駆《か》け込《こ》み、今川軍と衝突《しょうとつ》。織田の軍勢が本陣《ほんじん》になだれ込《こ》むと、今川の軍勢は呆気《あっけ》無《な》く体勢を崩《くず》しました。義元を討ち取り、信長は計画通りに勝利を手にしたのです。

このとき今川の軍勢には、三河の若き武将・松平元《まつだいらもと》康《やす》、のちの徳川家康《とくがわいえやす》がいました。松平氏の人質として長く駿府にいた彼は、本拠地《ほんきょち》である岡崎城《おかざきじょう》（愛知県岡崎市）に戻《もど》ることを許されず、義元の家臣となり戦っていたのです。その元康は、義元の戦死を受けて岡崎城に戻《もど》り、念願の独立を叶《かな》えました。2年後の1562年には、織田氏と同盟を結びます。

桶狭間《おけはざま》での勝利は、信長にとって重要なものとなりました。これを機に他国への進出に乗り出し、領国の

そのころ、世界では？

1542年フランシスコ・ザビエルがゴアへ

宗教改革が起こりローマ教皇の権威《けんい》が揺《ゆ》らぐなか、教皇パウルス３世の認可を受けたイエズス会のフランシスコ・ザビエルは、インドのゴアを拠点にキリスト教宣教師として布教活動をしました。その後ザビエルは、1549年に鹿児島に上陸します。

拡大を目指していくのです。

とはいえ1556年に、義父の斎藤道三が嫡男《ちゃくなん》の義龍《よしたつ》に討たれたことから、信長は美濃平定をめぐる長期戦を強いられていきます。戦いは1567年、斎藤氏の拠点《きょてん》である稲葉山城《いなばやまじょう》（岐阜県岐阜市）を攻め落とすまで続き、桶狭間の戦いから実に7年の時を要しました。

この間、京では将軍・義輝が三好《みよし》長逸《ながやす》ら三好三人衆と松永久秀《まつながひさひで》に殺されました。義輝の弟で仏門に入っていた覚慶《かくけい》、後の義昭《よしあき》は越前《えちぜん》（現在の福井県北部）に亡命します。

この一大事が、信長の命運を大きく変えていったのです。

将軍を踏《ふ》み台にして ―上洛《じょうらく》戦―

義昭は亡命先から諸大名に向けて、自分を将軍位に就けるよう尽力《じんりょく》するように、と何度も催促《さいそく》しています。信長にも、早くから要請《ようせい》の連絡《れんらく》があったようです。

義昭と上洛すれば、将軍の擁護者《ようごしゃ》として甚大《じんだい》な権力を得られます。見過ごす信長ではありません。上洛の道を切り開くため、伊勢《いせ》（現在の三重県東部、愛知県と岐阜県の一部）の北部・中部の攻略《こうりゃく》に出ました。信長はこの攻略に成功。着々と上洛の準備を進めます。

続いて信長は湖南（現在の滋賀県大津市、草津市など）の六角《ろっかく》氏を追い詰《つ》め、甲賀《こうか》（現在の滋賀県甲賀市）方面に追い払《はら》いました。北近江《おうみ》（現在の滋賀県長浜市、米原市など）に関しては、妹のお市を領主の浅井長政《あざいながまさ》に嫁《とつ》がせて、同盟関係に。上洛の道を脅《おびや》かす者はいなくなり、義昭とともに京へ向かいます。

義昭の兄、義輝を殺した三好三人衆の勢力は、そうした信長の動きに対応し京を離《はな》れ、畿内《きない》（京に近い国々。おもに現在の京都府、大阪府、兵庫県、奈良県）の諸城に籠《こも》りました。このときすでに信長は、三好方の松永久秀と手を組んでおり、上洛を妨《さまた》げる者はもういません。1568年（永禄《えいろく》11年）9月26日、信長と義昭はついに上洛。その翌月、義昭は念願叶《かな》って征夷大将軍《せいいたいしょうぐん》の宣下を受けました。

当時、信長は上洛して休む間もなく、畿内一掃《いっそう》に着手しています。方々《ほうぼう》で籠城《ろうじょう》していた三好勢の制圧に取りかかったのです。大軍でたちまち撃破《げきは》し、上洛からわずか7日で畿内を平定。畿内各地の支配者を、義昭のもとへ礼参させました。

その後、阿波《あわ》（現在の徳島県）に隠《かく》れた三好一党が京都に押《お》し寄せ、義昭の仮御所《ごしょ》が襲《おそ》われる事もありましたが、義昭としては以前に比べて、心安らかな日々を送りました。兄・義輝が殺されてからというもの、流浪《るろう》の生活が3年余りも続き、ようやく将軍位を得たのです。義昭は上洛を叶《かな》えてくれた信長と、蜜月《みつげつ》ともいえる日々を過ごしましたが、その期間はたった1年ほど。2人は権力をめぐり、次第に対立を深めていくのです。

お前の港は俺《おれ》のもの ―堺奪取《さかいだっしゅ》―

信長は義昭から副将軍か管領の職位を勧《すす》められましたが、それを無用とばかりに断りました。そのかわり堺《さかい》（大阪府）・大津《おおつ》（滋賀県）・草津《くさつ》（滋賀県）の港を、領地にしたいと願い出ます。3港はいずれも日本有数の大きな港。信長は名誉《めいよ》より、実利を重んじたのです。

領国そのものは小さくても、尾張には津島《つしま》（愛知県）の港がありました。

港を持っているか、いないかは、その領国の経済力・軍事力を左右する分岐点《ぶんきてん》となり得ます。海運は陸上輸送に比べて、速さと量で勝りました。港さえあれば、潤沢《じゅんたく》な物資や武器が直接手に入るのです。津島《つしま》の港は関税収入に加えてその運搬《うんぱん》量の多さで、尾張に豊かな富をもたらしていました。

上洛のころ、信長は領内の関所も廃止《はいし》しています。通常、各国の関所では、近隣《きんりん》の有力者が通行料という形で物流税を取っていました。それが物流の速度を衰《おとろ》えさせ、物量を減少させる原因だと彼は気がついていたのです。関所の廃止《はいし》は、近隣の有力者、つまりは中間権力層の搾取《さくしゅ》を止め、信長と領民の直接取引に変えることになり、経済力と同時に支配力も高められる名案でした。

そのころ、世界では？

1543年コペルニクスが地動説を発表

太陽やその他の天体が地球を中心にして回っているという説（天動説）がローマ教会の公認とされるなか、コペルニクスは観測した天体の動きをもとに、地球が太陽のまわりを年に一度の周期で動きながら自転しているという説（地動説）を立てました。

しかし外国からの輸入品まで津島の港で容易く入手できたかといえば、そうではありません。

視線を世界に向けると、信長の少年時代は、各国の貿易が盛んになった時期でもあります。すでに室町時代から、東アジアの貿易圏《けん》はポルトガルとスペインが参入して活性化していましたが、1540年代の直前に日本で銀の生産量が急増すると、自国の渡航《とこう》制限を破ってまで渡来《とらい》する商人が続発。必然的に商取引が盛り上がりました。けれどもそのころ、海外貿易は実質的に九州と中国、四国の一部に限られていたため、尾張が輸入品を求める場合、堺を通じて買うほかありませんでした。そのような事情から、信長はとにかく大きな、重要な港の入手にこだわったのです。

このように流通を大事にした信長の、最も欲した港町が堺でした。

堺は商業的価値があるというだけでなく、軍事的観点においても優れています。各地の情勢をすばやく摑《つか》める上に、東日本の流通を妨《さまた》げようと思えばそれも可能。堺には鋳《い》物師《もじ》が多く定住し、鉄砲《てっぽう》も刀も、大量に製造されていました。日本最大の軍需《ぐんじゅ》生産都市だったのです。信長が鉄砲の出荷を支配すれば、各地の大名は武器の入手が困難になります。海のない山国、たとえば武田信玄などの領国にとって、そうした荷留行為《こうい》は大打撃《だげき》になり得ました。堺を手に入れることは、日本を手に入れること、とさえ言えたかもしれません。

そのうえ堺の豪商《ごうしょう》たちはキリシタンと深く結びつき、南蛮《なんばん》貿易を取りしきっていました。そのころ、いくさに欠かせない鉄砲の弾薬《だんやく》や火薬の原料は、南蛮貿易を介《かい》さなければ手に入りませんでした。信長はキリシタンに寛大でしたが、そうした貿易パイプの確保も受容の理由にあげられます。貿易の担い手、堺商人さえおさえれば、そのパイプは信長のものになるのです。

信長は義昭に、京とその周辺の、商工民の支配に関するすべての権限を認めさせまし

た。とはいえ、それにやすやすと従う商人たちではありません。

堺は信長上洛《じょうらく》以前、三好家の支配下にありましたが、実質的には会合衆《えごうしゅう》と呼ばれる豪商《ごうしょう》グループが自治を行っていました。信長は彼らに畿内制圧のため、現在で約20億円相当の軍事費用「矢銭《やせん》」を要求しています。しかし会合衆は矢銭を拒絶《きょぜつ》し、私設の武装集団を編成。対抗《たいこう》の構えを見せました。信長が三好勢を討ち負かすと、最終的には矢銭を差し出して支配を受け入れますが、堺は信長に抗《あらが》うだけの力を備えていたのです。

堺支配の同時期、信長は領内で「楽市・楽座」という商業政策を行いました。

「座」とは同業者組合を意味します。ある一定の地域に必要以上の同業者が発生すると、市場の経済バランスは傾《かたむ》いてしまいますが、同業者同士で座という組合を結成して話し合い、供給を調整することで、共倒《ともだお》れを防いだのです。

ところがその座のシステムが市場を独占し、一方的な価格決定や新興商人の締《し》め出しも可能にしてしまい、座の参加者は特権を振《ふ》りかざすことが多くありました。

「楽市・楽座」はそうした座の市場支配を禁じた、画期的な商業政策です。業者の課税を免除《めんじょ》し、逃亡者《とうぼうしゃ》・犯罪人にかかわらず、市場にあらゆる者の出入りを認めました。

信長は新しいシステムで経済の主導権を得ようとしていたのです。

堺は信長が現れるまで自主的に武装し、一国の大名に比類する自治権を有していました。もしも堺がそのまま信長の支配を受けずに商人都市として進化していたら、外国人から東洋のベニスと呼ばれたその自由な気風をもっと伸《の》ばしていたら…… 秀吉・家康をまたず一足飛びに、堺から日本の近代化が始まったのかもしれません。

信長危機《きき》一髪《いっぱつ》 ―姉川の戦い―

1570年、信長は兵を率いて越前（現在の石川県、福井県）に入ります。越前の朝倉義景《あさくらよしかげ》は、将軍、足利義昭の亡命を受け入れた人物です。義昭とは縁《えん》が深く、以前から無視できない存在でした。放置すれば障害になりかねません。

そこで信長は、義昭名義の上洛《じょうらく》命令を各大名に送りつけ、義景の出方を見たのです。慎重《しんちょう》派の義景は、もちろんこれを無視。信長はそれを理由として、さらには義景が謀《む》反《ほん》を企《たくら》む者に加担した、と半ば言いがかりをつけて、不意に朝倉領へ攻《せ》め込《こ》んだのでした。

信長は朝倉方の天筒山城《てづつやまじょう》（福井県敦賀市）に向かって猛攻《もうこう》を繰《く》り返し、陥落《かんらく》に成功。しかしその勢いで金ケ崎城《かねがさきじょう》（福井県敦賀市）に迫《せま》ろうとしたとき、たいへんな報せがありました。同盟を結んだはずの義弟、浅井長政が離反《りはん》したというのです。

理由は、長政が同盟の条件として浅井氏と朝倉氏の関係を尊重するよう念押《ねんお》ししたにもかかわらず、信長がそれを破ったからだというものでした。

信長は劣勢《れっせい》に転じました。このままでは、浅井の軍勢がいつ現れるか分かりません。かといって京へ戻《もど》る道は険しいものでした。浅井の同盟者として悠々《ゆうゆう》と通ってきた道ですが、今となっては敵の陣地《じんち》。この危機を逃《のが》れるには、撤退《てったい》を強行するしかない。そう判断した信長は、賭《か》けに出ました。「金ケ崎《かねがさき》の退き口」と呼ばれる、過酷《かこく》な退却《たいきゃく》です。

成功するかどうかは、退路の途中《とちゅう》にある朽木村《くつきむら》（現在の滋賀県高島市）にかかっていました。領主の朽木元綱《くつきもとつな》は浅井氏と主従関係を結んでいます。しかし、土地に根付いた朽木氏は浅井氏との結びつきが弱く、一行は大いに歓待《かんたい》され、難なく村を越《こ》えました。

信長は無事に京に帰還《きかん》を果たします。

この退却《たいきゃく》で後の豊臣秀吉、木下藤吉郎《きのしたとうきちろう》がしんがりをつとめて活躍《かつやく》したという話は有名ですが、他に徳川家康も参加していた、有力武将がいたという説もあり、今では創作とみられています。

撤退《てったい》の復讐《ふくしゅう》を決意した信長は、どうにか岐阜城（岐阜県岐阜市）に戻《もど》ると、敵方だった、北近江の堀秀村《ほりひでむら》が味方についたと知り、機運を逃《のが》さず出陣《しゅつじん》します。浅井氏本拠地《ほんきょち》である小谷城《おだにじょう》（滋賀県長浜市）を攻略《こうりゃく》するため、足がかりになりそうな横山城（滋賀県長浜市）に狙《ねら》いを定め、両軍はやがて横山城の北に流れる姉川を挟《はさ》んで対峙《たいじ》します。

織田軍の隣《となり》には、援軍《えんぐん》に来た徳川の軍勢。浅井軍の隣には、義景が寄越《よこ》した朝倉の軍勢。浅井が織田に、朝倉が徳川に突撃《とつげき》しました。浅井軍の先鋒《せんぽう》・磯野員昌《いそのかずまさ》が凄《すさ》まじい働きを見せましたが、早くも朝倉兵の軍勢を敗走させた徳川軍が、空いた手で側面から、浅井軍に攻撃《こうげき》を加えます。浅井軍は織田・徳川の挟撃《きょうげき》にあい、北へ退却《たいきゃく》。「姉川の戦い」は、織田軍が制しましたが、小谷城を落とせなかったため、決着はつきませんでした。

その後、和睦《わぼく》を結ぶこともありながら、信長と浅井・朝倉は敵対を続けました。勝敗が決するのは、3年後の1573年のこと。義景は信長に追い詰《つ》められて切腹。幼い嫡《ちゃく》男《なん》も殺害され、朝倉氏は滅亡《めつぼう》します。

同年、小谷城を囲まれた浅井長政も自害しました。長政の正室となっていた信長の妹、お市の方と3人の娘《むすめ》は織田方に戻《もど》されます。しかしまだ幼い嫡男《ちゃくなん》の万福丸《まんぷくまる》は、尻《しり》から錆《さ》びた槍《やり》を突《つ》き通す、串刺《くしざ》しの刑《けい》となりました。

私、人生変えられました —織田家の女たち—

戦国一の美女と名高いお市の方。彼女の悲劇的な生涯《しょうがい》は、信長の妹に生まれついてしまった以上、避《さ》けられないものだったのかもしれません。

お市の方は自身の悲劇に抗《あらが》うかのように、政略結婚《けっこん》に愛を見出しましたが、それがまたさらなる悲劇を呼ぶ結果となりました。織田と浅井の同盟関係が破綻《はたん》した時点で、もしも彼女が速やかに実家へ戻《もど》っていれば、浅井の惨事《さんじ》を見ずに済んだかもしれません。

しかし当時ならば通常そのように出戻《でもど》る局面で、お市の方は離縁《りえん》もされず婚家《こんか》に留まっています。兄・信長よりも、夫・長政を選ぶという、強い意志と愛がそこに見られるのです。それほどまでに強い絆《きずな》で結ばれた夫を殺し、跡取《あとと》りの男子を串刺《くしざ》しにした実家に戻《もど》る。お市の方の心中は、尋常《じんじょう》ではなかったはずです。

悲劇はまだ続きます。

信長の死後、織田家の跡継ぎと領地配分に関する清洲会議を経て、お市の方は柴田《しばた》勝《かつ》家《いえ》の正室に迎《むか》えられました。戦国時代の有力者にとって、一族の子女は政治交渉《こうしょう》の道具。信長の息子でお市の方にとっては甥《おい》にあたる織田信孝《のぶたか》が、秀吉の対抗《たいこう》勢力の要にしようと勝家に近づき、彼女はその手土産にされたのです。

とはいえ前の夫・長政の死後、信長が幾《いく》たび再婚《さいこん》を勧《すす》めても、すべて断ったお市の方がそれを受け入れたということは、心のない道具としての輿入《こしい》れだった、とは言い切れません。当時、お市の方は37歳《さい》。年齢《ねんれい》的な不安や浅井家を滅ぼした最大の功労者となった秀吉への敵対心、娘《むすめ》たちの行末を考えてのことでもあったでしょうが、勝家との暮らしに安らぎを見出そうとしたのかもしれません。

ですが運命は今度もまた、お市の方を苦境に立たせます。秀吉と勝家は、清洲会議の跡継ぎ問題で対立し、関係が悪化しました。１５８３年、秀吉と勝家の対立は賤《しず》ヶ《が》岳《たけ》の戦いとなり、敗れた勝家は、北ノ庄《きたのしょう》城《じょう》（福井県福井市）で最期を迎《むか》えます。3人の娘《むすめ》たちは城外へ逃《のが》れましたが、お市の方は城にとどまり、勝家と死をともにしました。午後4時ごろ、勝家・お市の方夫妻は、家臣や側室、女房《にょうぼう》たち約140人と、燃え盛る炎《ほのお》のなかで自害しました。

城を出た三姉妹のうち長女の茶々《ちゃちゃ》は、父母を死に追いやった相手秀吉の妻となり、鶴松《つるまつ》・秀頼《ひでより》という2人の男子を出産。秀頼は大坂・夏の陣《じん》で家康に倒《たお》されますが、その家康の息子、秀忠《ひでただ》の後妻となったのが三女の江《ごう》です。

織田家の関係図

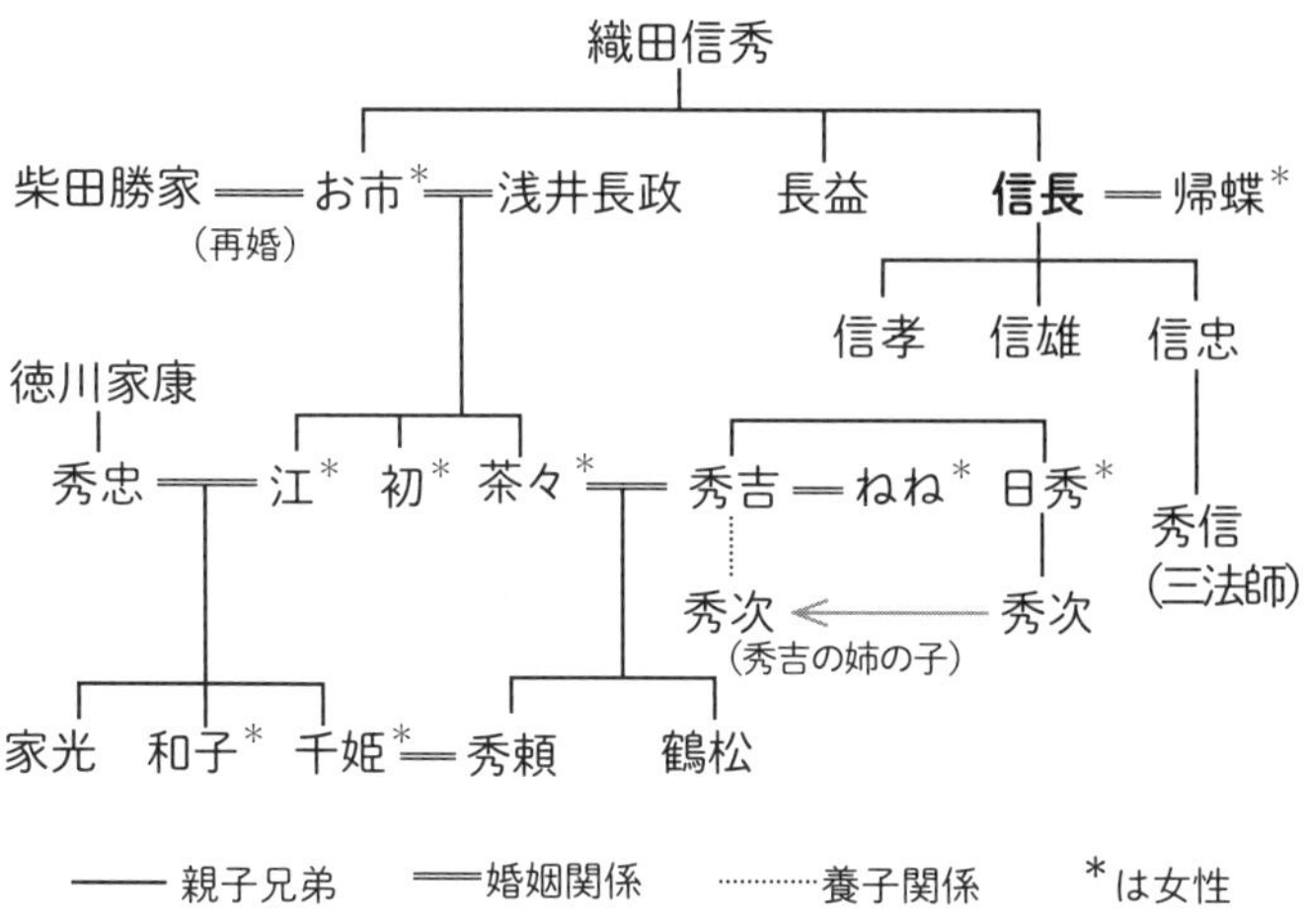

江は3代将軍徳川家光《いえみつ》を生み、天皇家に嫁《とつ》いだ和子を生んでいます。それにより浅井氏と織田氏の血は、将軍家・天皇家の双方《そうほう》に受け継《つ》がれることとなりました。

次女の初《はつ》は、大名・京極高次《きょうごくたかつぐ》に嫁《とつ》ぎ、秀吉の死後、豊臣・徳川の講和に奔走《ほんそう》し、戦乱の世を駆《か》け抜《ぬ》けました。

浅井家三姉妹は母と同じく数奇《すうき》な運命を辿《たど》りますが、その遠因の1つは、彼女たちの伯母《おば》、帰蝶《きちょう》の名で知られる信長の正室にあったのかもしれません。美濃と尾張の同盟のため、政略的な縁組《えんぐ》みを受け入れた帰蝶。信長と本能寺《ほんのうじ》で命を落としたという話もありますが、彼女は若死にしたとみられ、早々に歴史の表舞台《おもてぶたい》から消えてしまいました。

信長は帰蝶のほかに正室を娶《めと》っていません。正室は当主に代わって奥《おく》を取りしきる重要な立場。その不在が、織田家の三姉妹のその後を左右したともいえるのです。

将軍様の企《たくら》み ―包囲網《ほういもう》発生―

上洛《じょうらく》から1年も経たずに衝突《しょうとつ》した、義昭と信長。しかし表面的にはまだ、2人は将軍とその擁護者《ようごしゃ》という関係性を保っていました。

ところで足利義昭という人物は、信長と対比して愚《おろ》か者、傀儡《かいらい》将軍と描《えが》かれることの多い人ですが、実際のところはどのような評価だったのでしょうか。

江戸幕府編纂《へんさん》の「徳川実紀」は、1843年に完成した歴史書で、歴史の勝者である徳川の立場から書かれたものですが、そこで足利義昭は、傀儡《かいらい》どころか「中世的権威《けんい》・権力の中核《ちゅうかく》」として位置づけられています。徳川家康にとって重要な「5つの大戦」のうち、姉川《あねがわ》の戦い・三方ヶ原《みかたがはら》の戦い・長篠《ながしの》の戦いの3つのいくさは、共通して室町幕府15代将軍の足利義昭との戦いだった、としているのです。

「織田信長が足利義昭を戴《いただ》き、畿内で勢力を伸《の》ばし、足利家復興に功績があった。しかし、信長は、勝手なふるまいが多かったので、義昭はこれを嫌《きら》い、表向きは信長を重用しつつも、実は信長を倒《たお》そうと画策した」と、「徳川実紀」には記されています。

ここでは足利義昭を中世的権威《けんい》・権力の中核《ちゅうかく》として、新しい時代の象徴《しょうちょう》、信長に対抗《たいこう》した精力的な人物として描《えが》いています。事実、義昭は数々の計略をめぐらせ、信長を苦しめました。織田氏にとっては、いくら操ろうとしても操れない、侮《あなど》れない存在だったのです。

義昭は水面下で、かつての仇敵《きゅうてき》・松永久秀や三好三人衆、遠く甲斐の武田信玄ともつながり、浅井・朝倉はもちろんのこと、一向一揆《いっこういっき》の指導者である石山本願寺の顕如《けんにょ》とも手を組んで、反信長勢力を形成していきます。

その工作は信長包囲網《ほういもう》として静かに、けれど確実に、効果を現わしていったのです。

坊主《ぼうず》、許すまじ ―対宗教勢力―

1570年（元亀元年《げんき》）、9月、石山本願寺。

突如《とつじょ》として鐘《かね》の音が、けたたましく鳴り響《ひび》きました。

本願寺の宗主、顕如《けんにょ》が諸国の門徒に一斉蜂起《いっせいほうき》を指示し、信長との開戦を宣言したのです。同日、三好方を攻《せ》めていた織田勢の陣地に、本願寺の兵が鉄砲《てっぽう》を撃《う》ち込《こ》みました。

信長と本願寺の、10年以上にわたる長い戦いの幕開けでした。

本願寺は大坂の石山にあった浄土《じょうど》真宗の本山です。浄土真宗は第一章で述べた通り、阿弥陀仏《あみだぶつ》の力を信じて念仏を唱えるだけで救われるという「他力」の教義をもっています。一向（ひたすら）に念仏を唱えるため一向宗《いっこうしゅう》と呼ばれ、その門徒による決起は一向一揆として、支配層から恐《おそ》れられました。

しかしながら、顕如を頂点とする当時のこの巨大《きょだい》門徒組織では、治病や現世利益が受容され、阿弥陀仏への祈禱《きとう》以外に、世俗《せぞく》的、呪術《じゅじゅつ》的な信仰《しんこう》が存在していました。信長は一向宗のそうした「不純な」面を嫌《きら》った

そのころ、世界では？

1559年イタリア戦争が終わる

イタリアではローマ皇帝《こうてい》を継承《けいしょう》するハプスブルク家とフランス王家ヴァロワが約50年にわたり戦争をしていましたが、カトー・カンブレジ条約を締結《ていけつ》。この戦争は、騎士《きし》を主体とした戦闘《せんとう》から、鉄砲や大《たい》砲《ほう》を中心にした軍事革命とも言われています。

といいます。

当時の一向宗は社会からはじかれた人、山伏《やまぶし》や占《うらな》い師、芸能の民を多く受け入れ、行き場のない人々が帰属できる大きな受け皿でもありました。血のつながりはなくても、信仰でつながる彼らにとって、唯一《ゆいいつ》の居場所とその権利を守ろうとする思いはたいへん強く、やがてそれは天下人さえ脅《おびや》かす強大な武力集団に変貌《へんぼう》したのです。

組織のトップであり、開祖の子孫でもある顕如の発言は絶対で、門徒にとって破門を言い渡《わた》されることは、信仰上においても共同体においても地獄《じごく》行き、そのまま死を意味しました。顕如が国を超《こ》えて門徒という戦闘員《せんとういん》を、莫大《ばくだい》な人数で動員できたのも、そうした宗教的な特質によるものです。

それだけでなく、一向宗が蜂起《ほうき》した背景には、経済的利害が存在しました。

本願寺のある石山は、水上交通の要として堺・博多間に存在し、海外商船も入港できる抜群《ばつぐん》の立地条件を備えていました。石山は宗教都市であると同時に、貿易を重要視する信長が、何としても手に入れたい商業都市でもあったのです。入手できなければ、堺と博多の交易が妨《さまた》げられてしまいます。

一方で顕如も自治権を死守するため、断固として信長の企《たくら》みを絶やさなければいけない立場にありました。信長が親交を深めるキリシタンに対しても、新しい宗教勢力として警戒《けいかい》していました。信長と顕如はそれぞれの信念のもと、激しい衝突《しょうとつ》を繰《く》り返します。信長は彼らのような宗教組織を相手にした戦いで、殲滅《せんめつ》戦を繰り返し、その残忍《ざんにん》な所業をもって見せしめとしました。

1571年（元亀2年）9月12日、信長は天台宗の総本山、比叡山延暦寺《ひえいざんえんりやくじ》（滋賀県大津市）の焼き討ちを行っています。顕如を寺社勢力の新世代とすると、延暦寺は旧世代。神仏に仕える身であったものの貸金業を営み、当時は日本有数の資産家でもありました。延暦寺もまた、信長にとっては経済的な競合相手だったのです。

信長はまず延暦寺の支配下にある坂本（滋賀県大津市）の町に火を放ち、大勢の僧侶《そうりょ》が住む堂舎、そして町家をことごとく炎上《えんじょう》させました。それだけに終わらず、信長軍は逃《に》げ惑《まど》う僧侶たちを追いかけてまで殺害行為《こうい》を続けています。とうぜん町の人々も巻き込《こ》まれ、女性や子どもも見境なく殺されました。さらには山頂にある延暦寺にも火が放たれ、内部にいた者はほとんどが焼死。死者は、1000人を超《こ》えるといわれます。

そして3年後、信長は長島（三重県桑名市）の一向一揆を、またも殲滅《せんめつ》戦で鎮圧《ちんあつ》します。

長島は伊勢と尾張の境に位置し、木曽川、長良川、揖斐《いび》川の3つの川が合流してできた巨大《きょだい》な中洲《なかす》でした。中洲にある願証寺は教団の司令塔《しれいとう》として多くの城砦《じょうさい》を構え、大名や国人など周囲の支配力をはね返す、強力な聖域を形成していました。長島という聖域は、国を追われた元有力者や、罪人も多く受け入れています。結束は固く、織田軍はこれまでに1度ならず2度3度と彼らに敗れ、信長は弟の信興《のぶおき》や家臣の氏家卜全《うじいえぼくぜん》らを失っていました。

1574年（天正2年）、7月14日、信長は7万の大軍でもって一揆《いっき》の拠点《きょてん》となった長島城（三重県桑名市）を攻め立《せ》てました。攻撃《こうげき》は1ヶ月以上にわたり、信長は城内を過密にして兵糧《ひょうろう》攻めにするべく、門徒たちを残らず城へと追いやりました。そして9月29日、長島城の人々はついに力尽《つ》きて、降伏《こうふく》を申し出ます。飢餓《きが》で朦朧《もうろう》としながら、城から大勢の城兵が退却《たいきゃく》しました。けれど助命の約束を交わしたにもかかわらず、それを破って信長軍から、一斉射撃《いっせいしゃげき》が行われたのです。長島の城兵たちは次々と命を奪《うば》われましたが、生存した700から800人が最後の反撃《はんげき》に出て、織田軍に突入《とつにゅう》。信長の親族、そして馬廻《うままわ》りたちが多数、城兵に斬《き》られました。信長は激怒《げきど》して、城の周りに逃亡《とうぼう》を防ぐ柵《さく》をめぐらせると、容赦《ようしゃ》なく火を放ちました。この殲滅《せんめつ》戦で、2万の門徒が殺されたといいます。

信長と顕如、2人の衝突《しょうとつ》はそれでも終わらず、両者は攻防《こうぼう》を繰り返しました。

1576年には安芸・毛利氏までも本願寺方について参戦し、毛利水軍を中心とする瀬戸内海《せとないかい》水軍が、織田軍と海上で激しく争っています。

この毛利氏がやがて織田軍との対決を断念すると、顕如もまた抵抗《ていこう》をやめざるを得ませんでした。水軍による武器兵糧《ひょうろう》の搬入《はんにゅう》が断たれたら、もはや打つ手はありません。本願寺との熾烈《しれつ》な戦い「石山合戦」は、1580年に終結します。

信長は念願の大坂を手に入れましたが、そのわずか2年後、彼もまた死を迎《むか》える運命にありました。

column 2

鉄《てつ》砲《ぽう》の誕生

ヨーロッパで作られた鉄砲が種子島《たねがしま》に伝来

鉄砲集団雑賀衆を有する本願寺は、石山合戦で８０００挺《ちょう》の鉄砲を二手に分けて交互《こうご》に射撃《しゃげき》し、信長に抗《あらが》ったといいます。１５４３年、種子島（鹿児島県熊毛郡）に伝来した鉄砲は、武士団の戦闘力を高めるだけでなく、民間武装組織の抵抗力も強めたのです。

人類は鉄砲の発明に至るまで、様々な火器を生み出しています。7世紀後半の東ローマ帝国《ていこく》では、「ギリシャの火」と呼ばれる火炎《かえん》放射器のような武器が使用されました。13世紀後半にモンゴル軍が北九州を襲《おそ》った「蒙古《もうこ》襲来《しゅうらい》」では、現在でいう手榴弾《しゅりゅうだん》のような「てつはう」という火薬武器が使用され、日本の武士を苦しめました。火器は新形態が開発されるたびに威力《いりょく》を増し、各時代・各国の戦闘形態を変えていったのです。

火薬がどの国でいつごろ発明されたのかは、

長崎県鷹島町沖で、1281年の弘安の役で沈没した蒙古軍船から発見された「てつはう」。直径14cm、厚さ1.5cm の釣り鐘形で、直径4cm の火薬を入れるための穴がある。

現在でも特定されていません。7世紀に中国で発明されたという説が有力ですが、ヨーロッパ発祥《はっしょう》説も存在します。それはドイツの修道士ベルトルト・シュヴァルツが悪魔《あくま》の助けを借りて火薬を発明したという説がありますが、活動年代も14世紀から15世紀と不確かで、架空《かくう》の人物だといわれています。

ただ、鉄砲の原型が15世紀のヨーロッパで作られたのは確かです。アーケバスと呼ばれる「個人携帯《けいたい》火器」で、小型の火砲にフックが付いたもの。それに肩当てと火縄留め兼引き金の役割をするパーツが取り付けられて、日本に伝来した「火縄銃《ひなわじゅう》」の古い型、S型サーペンティンへと進化しました。

信玄、逝《ゆ》く ―包囲網消滅《ほういもうしょうめつ》―

1573年（天正元年）、4月。

信長が最も恐《おそ》れていた存在、武田信玄が病に倒《たお》れました。前年に打倒《だとう》信長を掲《かか》げて挙兵、三方ヶ原（静岡県浜松市）の戦いで徳川軍を撃破《げきは》し、勝利をあげた矢先の死でした。信玄が遺言で3年は隠《かく》せといったその死を知ったとき、信長はどれほど安堵《あんど》したでしょうか。

義昭が扇動《せんどう》する信長包囲網《ほういもう》の面々《めんめん》は、信長がいくら足掻《あが》こうと、信玄さえ上洛《じょうらく》すれば一巻の終わりだと見込《みこ》んでいました。義昭に至ってはそれを期待してか、信長が17カ条にわたる意見書を突《つ》きつけ、態度を改めよと公に非難しても、反応すら見せません。

信長にとって信玄は、友好関係を続ける相手でしたが、いつ義昭の誘《さそ》いに乗るか分からない人物でもあり、長らく焦《あせ》りを感じていたのです。予感は的中し、信長と信玄の関係は修復不可能な段階にまで進みました。

1572年、織田勢と武田勢がぶつかり合った三方ヶ原の戦いは、圧倒《あっとう》的な戦力差で勝負がつき、信玄の勝利に終わりました。第四章で触《ふ》れますが、大将を務めた徳川家康は、ほうほうの体で浜松城《はままつじょう》（静岡県浜松市）へ逃《に》げ帰っています。信玄の病没《びょうぼつ》がなければ、信長の統一戦争はより困難なものとなったことでしょう。

そして1573年（元亀4年）7月18日、将軍・足利義昭は京を追放されます。

義昭は、その数ヶ月前から信長に攻め込まれ、邸宅《ていたく》を燃やされたすえ、一旦《いったん》、信長と和睦《わぼく》を結んでいました。しかし信長といる限り、傀儡《かいらい》にさせられることは変わらない。追放の15日前、和睦を破棄《はき》した義昭は、槇島城《まきしまじょう》（京都府宇治市）に立て籠《こ》もり、最後の抵抗《ていこう》を試みました。

対して信長は超《ちょう》大型船に乗って琵琶湖《びわこ》から宇治川を下り、槇島城へ進軍。船は同年5月から、熱田神宮の宮大工と近江国中の職人を総動員して造らせていたもので、長さは約60メートル、幅《はば》約13メートル、一度に3000から5000の兵が乗船可能な、驚愕《きょうがく》の大きさでした。信長はそれをわずかな期間で造らせていたのです。

その超大型船で現れた信長と、織田勢の武将が集結した大軍7万に囲まれ、義昭はついに観念します。嫡男《ちゃくなん》を人質に差し出したうえで投降、追放の流れとなりました。

義昭は追放後も打倒《だとう》信長を掲《かか》げて画策しますが、それも敵わず、石山合戦の終結にともない包囲網《ほういもう》は消滅《しょうめつ》。

237年間にわたり続いた室町幕府も、義昭とともに京から消え去りました。

その好奇心《こうきしん》、果て知らず ―信長と数寄《すき》―

いくさが続いた信長ですが、争いばかりに明け暮れていたわけではありません。彼は文化の最先端《せんたん》を行く、一流の趣味《しゅみ》人でもありました。

とくに好んだのは茶の湯です。今でいう茶道ですが、そこには客人をもてなすという行為《こうい》を超《こ》えた、さまざまな意義が見出されました。

茶の湯をたしなむ趣味人や茶室は、数寄者や数寄屋と呼ばれていました。数寄とは、「好き」という動詞から作られた言葉。「欲しがる、愛着を持つ、気に入ったものに心を寄せる」といった意味合いです。これが戦国時代には、おもに「茶の湯を愛する人、茶の湯道具の収集家」を指すようになりました。その文化は、貴重な渡来《とらい》品が集まる堺の町を中心に発展したといいます。

戦国武将にとって茶の湯は礼儀作法《れいぎさほう》。一般《いっぱん》教養のひとつとされていました。信長も幼いころから数寄者の大人に囲まれ、数寄の心を養いました。

大名が参加するほどの茶の湯には莫大《ばくだい》な費用がかかり、資産のある有力者でなければ開催《かいさい》できません。茶の湯は威厳《いげん》を示し、互《たが》いに財力を見せつける場となったのです。人間関係を強固にし、最新の国内情勢を探るなど、政治活動の一環《いっかん》としても利用されていました。

伝記によると信長は酒が飲めない体質で、下戸として知られていたようです。それもあって茶の湯を愛し、さまざまな交渉《こうしょう》の場として活用したとみられます。

上洛後、信長は2度の名物狩《が》りをしています。名物とは、茶の湯道具の一級品のこと。それを無理やり奪《うば》うのではなく買い上げるのですが、もとの所有者は売りたくなくても差し出すほかありません。友好の証として、信長に名物品を献上《けんじょう》する人物も多くいました。松永久秀から贈《おく》られた「付藻《つくも》茄子《なす》茶入」は、九十九《つくも》髪《がみ》の銘《めい》で知られ、今日でも有名です。今井宗久《いまいそうきゅう》からは松島の茶壺《ちゃつぼ》と紹鷗《じょうおう》茄子《なす》茶入を献上《けんじょう》されています。

　そのように集められた名品を、信長は所領地や金銭にかわる恩賞として使いました。さらには茶会を開く免許《めんきょ》をもうけ、信頼《しんらい》の証として家臣に与《あた》えています。信長の茶の湯免許は、社会的地位を表すものでもありました。それを豊臣秀吉は後年、「茶湯御政道《ちゃのゆごせいどう》」と表現しています。

そのころ、世界では？

1587年スコットランド女王処刑

夫・ダーンリー卿《きょう》殺害の容疑がかかり、貴族としての立場を失ったメアリ・スチュアートは、イングランドに逃亡《とうぼう》し女王エリザベス１世を頼《たよ》りましたが、イングランド王位継承権《けいしょうけん》も持っていたことから関係がこじれ、女王暗殺を計画した容疑で処刑《しょけい》されました。

茶の湯と同様、信長は相撲《すもう》や鷹狩《たかが》り、踊《おど》りも愛しました。それらのイベントを頻繁《ひんぱん》に催《もよお》し、人心掌握《しょうあく》に利用したのです。

当時、相撲大会の興行は寺社が独占《どくせん》していましたが、信長はその慣例を破り、個人で相撲大会を開催《かいさい》。優れた成績の力士を家臣に取り立てました。

信長の派手好き、新しもの好きな趣向《しゅこう》や気風は、多くの戦国武将に影響を与えました。信長はファッションリーダーとして、彼らの美的感覚を大いに触発《しょくはつ》したのです。

信長の安土城（滋賀県近江八幡市）はとても壮麗《そうれい》で、黄金がちりばめられた座《ざ》敷《しき》には、戦国時代随一《ずいいち》の絵師、狩野永徳《かのうえいとく》が描《えが》いた日本名所の写し絵が飾《かざ》られていたそうです。しかし信長がもっとも関心をもった南蛮《なんばん》物は、衣服でも芸術でもありません。ポルトガル人が種子島にもたらした強力な新兵器、鉄砲《てっぽう》でした。

火《ひ》縄《なわ》銃《じゅう》の大量投入 ―長《なが》篠《しの》の戦い―

1543年、信長がまだ9歳《さい》の少年だったころ、遠く種子島《たねがしま》（鹿児島県）に一隻《いっせき》の中国船が漂着《ひょうちゃく》しました。乗員のなかには2人のポルトガル人がおり、この来訪が日本の武器の歴史の転換点となりました。2人は島民の誰《だれ》もがはじめて見る火器を持っていました。2挺《ちょう》の鉄砲《てっぽう》、火縄銃《ひなわじゅう》です。種子島の領主・種子島時堯《ときたか》がそれを買い取ったことを発端として、鉄砲は瞬《また》く間に西国へ広まっていきました。

日本で使用された武器の移り変わりを見ると、刀は常に標準装備でしたが、決して主役ではありませんでした。平安時代に第一の武器といえば弓。武士が台頭して戦いを主導するようになり、騎射《きしゃ》による個人戦が戦場の華《はな》となったのです。小集団の騎兵《きへい》同士で射かけあい、その後に重装備の弓騎兵《きへい》が一対一で腕《うで》を見せあいました。それが鎌倉時代の末期になると一転。足軽部隊の登場によって、第一の武器は槍《やり》に変わります。隊列を組み、密集状態で進む足軽に持たせる武器として、槍は振《ふ》り回す必要がなく有効でした。けれどそのような戦場の様相も、鉄砲の出現で変わっていきます。

鉄砲を巧《たく》みに使った軍事集団に、石山合戦で信長を苦しめた雑賀衆《さいかしゅう》がいます。紀州・紀ノ川下流域の、地侍一族による自治組織です。その勢力圏《せいりょくけん》は広大で、紀州の大部分に及《およ》びました。彼らは大量の鉄砲を製造・保有し、高度な水軍力で知られています。海外貿易を財源として、優れた鉄砲技術を駆使《くし》、自治を脅《おびや》かす勢力にしぶとく抗《あらが》いました。

その雑賀衆と並んで評される鉄砲集団が根来衆《ねごろしゅう》です。といっても彼らは地侍ではなく僧兵《そうへい》。紀ノ川中流域にある根来寺の防衛組織でした。彼らもまた一流の鉄砲技術で知られました。そんな根来衆が参加したとされる戦いに、1575年の「長篠《ながしの》の戦い」があります。信長にとっては強大な敵・武田氏に大勝し、勢いを加速させる転機となったいくさです。

長篠の戦いは、北三河の要所にある長篠城（愛知県新城市）をめぐる戦いでした。2本の川の合流点に築かれたこの城は、徳川方に属していましたが、武田方の手に落ちていました。それを家康が奪還《だっかん》し、武田軍が再び進攻《しんこう》。両軍が衝突《しょうとつ》したのです。

そのころ、世界では？

ルネサンスが広がる

ダ・ヴィンチ、ミケランジェロ、ラファエロといった、ルネサンス（芸術復興）の気風をもった芸術家がイタリアで活躍《かつやく》。1504年にはミケランジェロが「ダヴィデ像」を完成させ、石像はフィレンツェ民衆のシンボルとして宮殿《きゅうでん》前の広場に置かれました。

そのころ甲斐国の体制は、武田信玄の死によって揺《ゆ》れていました。四男の勝頼《かつより》が当主となりましたが、本来ならば長男が継《つ》ぐはずの跡目《あとめ》でした。しかしその長男は謀反《むほん》を疑われて廃嫡《はいちゃく》され、すでに死亡。そこで母の実家を継《つ》いでいた勝頼が呼び戻《もど》されたのですが、信玄の遺言には「勝頼は当主の代行、その子が成長したら家督《かとく》を継《つ》がせる」とありました。統率力を示さなければ、遺言を根拠《こんきょ》に立場を追われかねません。長篠攻めの背景にはそのような、勝頼の危うい状況《じょうきょう》がありました。

一方、信長は本願寺と和平を結んで一息ついたころでした。ですが武田の動きは見過ごせません。勝頼には前年に、美濃・明智城《あけちじょう》（岐阜県可児市）を攻《せ》め落とされています。武田がこれ以上三河を奪《うば》い取り、盾《たて》となる徳川を倒《たお》すことになれば、織田の領国も脅《おびや》かされる。信長は何としても勝頼の侵略《しんりゃく》を、食い止めなければなりませんでした。

1575年（天正3年）5月のこと。武田軍は1万5000、対する織田・徳川連合軍は3万5000ほどの軍勢で出陣《しゅつじん》します。

決戦の直前、長篠城の使者として両軍の間を走った、奥平家の足軽、鳥居強右衛門《とりいすねえもん》の話は有名です。徳川に援軍《えんぐん》を求めた帰路、強右衛門は武田軍に捕《つか》まってしまい「援軍《えんぐん》は来ないと伝えれば、武田で取り立てよう」と持ちかけられました。強右衛門は同意して、磔《はりつけ》にされたまま長篠城近くまで運ばれましたが、言われた言葉とは反対に、そこで「援軍《えんぐん》は来るぞ！」と叫んだのです。強右衛門は即座《そくざ》に槍《やり》に刺《さ》し貫《つらぬ》かれ、絶命しました。

そして強右衛門の死後、5月18日。

両軍は長篠城の西、連子川を挟《はさ》んで向きあいます。決戦のときは、もう間もなく。

信長は先手として、徳川家家臣の酒井忠次《さかいただつぐ》考案とされる奇襲《きしゅう》策を実行しました。20日夜から、酒井率いる別働隊4000を南へ迂回《うかい》させ、密かに長篠城近くの鳶ヶ巣山砦《とびがすやまとりで》（愛知県新城市）に送り

長篠の戦い

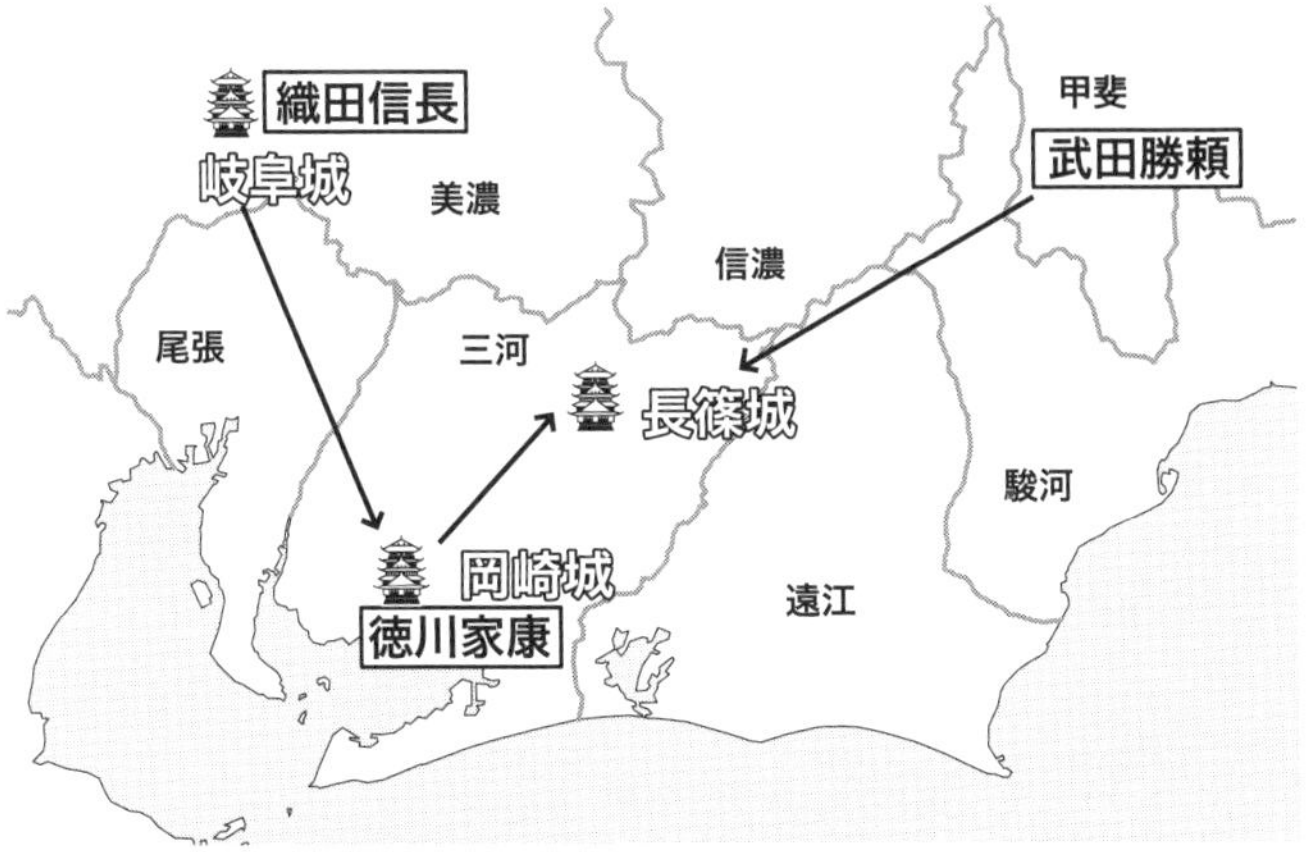

込《こ》んだのです。酒井の軍勢は朝にかけて砦を奪《うば》い、長篠城を取り囲んでいた武田軍を蹴散《けち》らしました。

翌21日、いよいよ決戦の日です。連子川を挟《はさ》んだ両軍が衝突しました。

織田・徳川連合軍の、馬防柵《ばぼうさく》や土塁《どるい》で守りかためた陣地《じんち》に、武田軍が突撃《とつげき》します。彼らは酒井隊に背後を取られたと知っていますから、猛進《もうしん》するほかないのです。山県昌景《やまがたまさかげ》、馬場《ばば》信春《のぶはる》など武田軍歴戦の騎馬隊の猛《も》者《さ》が波状攻撃《こうげき》をしかけました。しかし連合軍の防御《ぼうぎょ》は堅《かた》く、柵《さく》の向こうから一斉射撃《いっせいしゃげき》が行われ、武田軍の多くが命を落としました。

信長はこの戦いで、史上最多の鉄砲を用意したといわれています。その数は1000とも3000とも伝わり、三段撃《う》ちという、3列の鉄砲隊に代わるがわる

そのころ、世界では？

1568年オランダ独立戦争始まる

ネーデルラント（現在のオランダ、ベルギー地域）の商工業の利益はスペインに抑えられていました。また、スペインのフェリペ２世が、カトリック信《しん》仰《こう》を強要したことから、独立に向けた戦いが始まりました。宗教と、経済的な争いの側面がありました。

撃たせる戦法を取ったといわれますが、確かなところではありません。けれどもこの大量の鉄砲と、馬防柵など陣地《じんち》の防衛力、そして圧倒的《あっとうてき》な兵数の差によって、信長は勝利を摑《つか》んだのです。午前6時に始まった決戦は、午後2時、武田勝頼の逃亡《とうぼう》によって幕を閉じました。

長篠の戦いより前の戦場で使用される武器の割合は、多い順に、槍《やり》、弓、鉄砲でした。信長はそれを入れ替《か》えてみせたのです。以後、大規模集団戦では鉄砲が大量に使われるようになっていきます。

日本軍事史の転換点《てんかん》となった長篠の戦いは、信長自身の転換点《てんかん》ともなりました。

この年11月28日、信長は織田家の家督《かとく》を長男の信忠に譲《ゆず》ります。織田氏の棟梁《とうりょう》でも、将軍の擁護者《ようごしゃ》でもない「天下人」になるための、新たな出発でした。

その後、長篠の戦いから数年も経たないうちに、北陸平定に伴《ともな》い敵対し「手取川の戦い」では信長の家臣・柴田勝家を敗走させた強敵、上杉謙信《うえすぎけんしん》が急死。勝頼も権勢を取り戻《もど》すことなく、1582年に「天目山の戦い」で自害。

武田・上杉の脅威《きょうい》も消え、信長は名実ともに天下人となり、全国統一は目前でした。

column 3

2人の名将と川中島の戦い

宿命のライバル 信玄と謙信の12年の戦い

いくさ上手として知られる戦国大名、武田《たけだ》信玄《しんげん》は、1521年に甲斐《かい》（山梨県）の守護・武田氏に生まれました。彼は領国経営においても手腕を発揮し、「甲州法度之次第《こうしゅうはっとのしだい》」を制定して秩序《ちつじょ》の維持《いじ》に努めました。信玄はまた技術者を積極的に採用し、洪水を防ぐための治水工事で「信玄堤《しんげんつつみ》」を築くなど、インフラ整備を重視した人物でもありました。

その信玄の好敵手といえば、越後《えちご》（新潟県）の戦国大名、上杉謙信《うえすぎけんしん》です。2人は1553年から12年にわたり、信濃《しなの》（長野県）北部を巡《めぐ》って5度も激突《げきとつ》。一連の合戦は「川中島の戦い」と呼ばれます。

上杉謙信は1530年に越後の守護代・長尾氏に誕生しました。義侠心《ぎきょうしん》が強い人物だったといわれ、名族・上杉氏の養子となって家《か》督《とく》や関東管領の職を継承《けいしょう》すると、北条氏や

5回の川中島の戦い

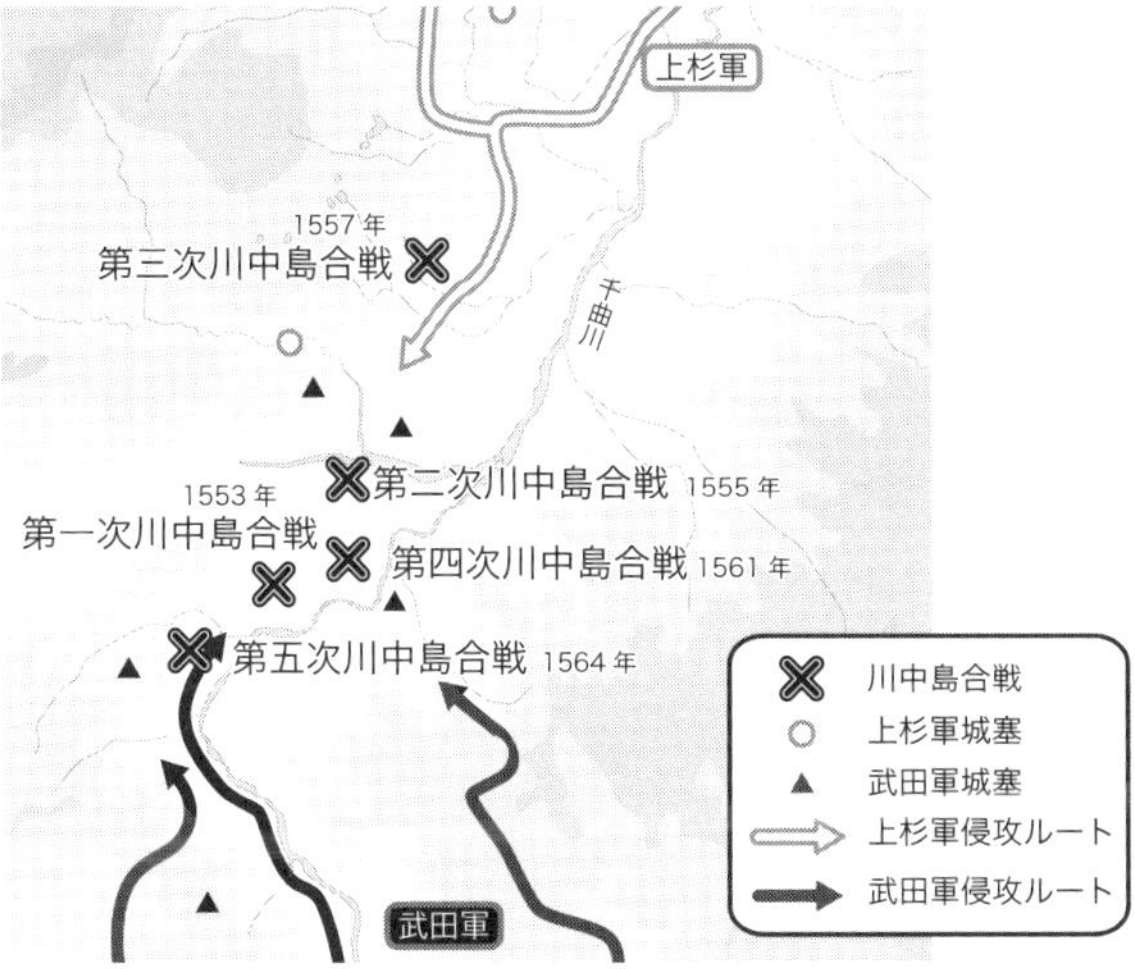

武田氏と戦い、管領職の責任を果たそうと努めました。川中島（長野県長野市南部）への出兵も、その一環とみられています。

現在、「川中島の戦い」として有名なのは、八幡原《はちまんばら》（長野県長野市）を主戦場とした4度目の合戦です。信玄は「啄木鳥《きつつき》戦法」と呼ばれる挟《はさ》み撃《う》ちを仕掛《しか》けましたが、謙信はそれを見破り、大規模な戦闘《せんとう》に発展しました。

2人の戦いは5度目を終えても決着しませんでしたが、「川中島の戦い」は、戦国を代表する名将同士の合戦として人々を魅了《みりょう》し、多くの創作物を生み出しました。

下剋上《げこくじょう》は戦国の華《はな》　―本能寺の変―

1581年、豪華《ごうか》に着飾《きかざ》った各国の大名が、勢ぞろいして名馬に乗り、京の都を行進しました。信長の大軍事パレード「馬揃《うまぞろ》え」です。馬上の人は皆《みな》、それぞれ趣向《しゅこう》をこらした陣羽織《じんばおり》を身につけて、朝廷《ちょうてい》と民衆に織田の権勢を誇示《こじ》しました。行列の最後を飾《かざ》るのはもちろん織田信長です。のぼりが空に揺《ゆ》れるなか、ひときわ派手な出で立ちで大黒という馬に乗り、「天下人」の力を見せつけました。

しかし翌年、「本能寺の変」によって、信長は激動の生涯《しょうがい》を終えることになります。

謀反《むほん》を起こしたのは、明智光秀《あけちみつひで》。

信長から破格の信頼《しんらい》を寄せられ、この馬揃えの一切を取りしきった重臣でした。

戦国時代は下剋上によってはじまった戦乱の世です。信長の人生もまた、下剋上からは逃《のが》れられません。天下人に背いた恐《おそ》れ知らずの武将は、1人や2人ではありませんでした。彼らは共通して不遇《ふぐう》な、そして悲惨《ひさん》な末路を辿《たど》りました。

たとえば、松永久秀。将軍・足利義輝殺害の首謀者《しゅぼうしゃ》として疑われ、主君・三好義興《よしおき》暗殺の黒幕として怪《あや》しまれ、東大寺大仏殿《だいぶつでん》を焼いた悪人として知られた人物です。

1573年、信長の配下に加わった久秀は、わずか2年後、謙信や顕如に呼応して謀《む》反《ほん》を起こします。それは以前、信長によって久秀の居城に城割の命（城郭破壊《じょうかくはかい》命令）が下されたことと関連していました。その多聞山城《たもんやまじょう》（奈良県奈良市）は、久秀《ひさひで》の父が築いた城でもあります。信長としては反抗《はんこう》的な松永親子から大和（現在の奈良県）の南部支配権を取り上げ、南部仏教勢力に通じる筒井順慶《つついじゅんけい》にそれを渡《わた》す意図があったのですが、久秀には許容できないものでした。

もう1人、謀反人《むほんにん》といえば摂津《せっつ》（現在の大阪府北中部、兵庫県南東部）の荒木《あらき》村重《むらしげ》がいます。信長と義昭が対立した際、村重は主家に反して織田方につき、信長をたいへん喜ばせました。以降、村重は重用され、摂津の支配を任されています。織田家にもともと仕える家臣よりも厚遇《こうぐう》されたほど、その信頼は篤《あつ》かったのです。それにもかかわらず村重は、信長に牙《きば》を剝《む》きました。秀吉が中国攻めの主将に抜擢《ばってき》され、村重は秀吉の家臣的な立場に追いやられてしまい、そのことで不満を抱《いだ》いたともいわれています。

1578年、村重は顕如の誘《さそ》いに乗って離反《りはん》。有岡城《ありおかじょう》（兵庫県伊丹市）で1年近くも籠城《ろうじょう》を続けました。そして翌79年、村重は完全包囲された有岡城を1人で脱出《だっしゅつ》。城には自らの妻、そして家臣やその妻子も含《ふく》めて、約510人が残されましたが、信長は容赦《ようしゃ》なく処断します。村重の妻など親族は斬首《ざんしゅ》。他の者も次々と槍《やり》や薙刀《なぎなた》で刺《さ》し殺され、鉄砲で撃《う》ち抜《ぬ》かれてしまいました。村重は身内を捨てて一人逃《に》げた恥辱《ちじょく》のなかで、道糞《どうふん》と名乗り茶人として生きながらえました。

戦国史を大きく揺《ゆ》るがした明智光秀は、信長から賜《たまわ》った名物を喜んで披露《ひろう》し、茶会でも信長の書を床《とこ》の間に掛《か》けるなど、主君を敬う忠義者として知られていました。

しかしながらその忠義者が、一日にして主君を討ち果たした。それが1582年に起きた歴史的な謀反、「本能寺の変」です。

本能寺の変は日本史最大の謎《なぞ》といわれ、今日でも多くの人が関心を寄せています。光秀の「怨恨説《えんこん》」、「野望説」、ほかにも朝廷《ちょうてい》内の反信長グループが光秀を動かしたとする「朝廷黒幕説」、蟄居《ちっきょ》中の義昭が密かに光秀に指令を送ったという「義昭黒幕説」など、さまざまな説があるとされ、人々の興味を引く考察が存在します。

中でも現在、最も有力とされているのは、信長の四国政策の転換《てんかん》によって、光秀が追い込《こ》まれてしまったという「四国問題説」です。

当初、四国について信長は、長宗我部《ちょうそかべ》元親《もとちか》の全域支配権を認めるつもりでした。しかしその考えは二転三転し、最終的には長宗我部氏を土佐《とさ》（現在の高知県）と阿波半国に封《ふう》じ込めようとしたのです。両者の間に入って調整役を務めていた光秀はたまったものではありません。とうぜんながら信長と長宗我部氏は決裂《けつれつ》し、光秀は両者の間で苦悩《くのう》の日々を送ります。そうして思い余った光秀が、信長を討つと決めた……。本能寺の変決行の日が、長宗我部討伐《とうばつ》に向かう四国方面軍の出陣予定日だったこともあり、この説は信憑性《しんぴょうせい》が高いとされています。

しかしどの説が正しいにしろ、1582年（天正10年）、6月2日に光秀が、信長を死に至らしめたのは間違《まちが》いありません。

明智光秀の軍勢1万3000は変の前日、夕方に丹波亀山城《たんばかめやまじょう》（京都府亀岡市）を出発。山陰道《さんいんどう》を京都へ向かいました。このとき光秀の謀反《むほん》を知っていた者は、5人の重臣だけだったといわれています。兵士の多くはまさかこれから天下人を討つことになるとは思わず、中国方面の応援《おうえん》に行く途中《とちゅう》だと思っていたそうです。

明け方、光秀の軍勢は別働隊と合流し本能寺へ。

午前6時ごろ、鬨《とき》の声が上がり、本能寺に鉄砲が撃《う》ち込《こ》まれました。

信長が小姓《こしょう》の森蘭丸《もりらんまる》に「謀反《むほん》か、何者の企《くわだ》てか」と訊《き》くと、蘭丸は光秀の名を口にします。それに信長が「是非《ぜひ》に及《およ》ばず」、つまり「仕方がない、やむをえない」と答えたといいます。

本能寺にいたのは、小姓《こしょう》衆を中心に100人ほど。攻め込んできた明智兵に対抗《たいこう》するも、火の手がまわり、皆《みな》、次々と討ち取られていきました。

信長は燃え盛る炎《ほのお》の中で切腹。49年の生涯《しょうがい》を終えました。

翌日、光秀は信長の遺骸《いがい》を見つけようと焼け跡《あと》を捜索《そうさく》しますが、「毛髪《もうはつ》も残さず塵《ちり》と灰に帰した」ようで、それらしいものは一片も見つからなかったそうです。

家族を殺し、坊主《ぼうず》を焼き、あらゆる者を容赦《ようしゃ》なく死に追いやった織田信長。

そのような人物が、なぜ天下人となり得たのか。

それを、地域性から見ることもできます。

信長が生きた当時の東海・近畿地方は、比《ひ》較的《かくてき》小さな領国が京を取り巻いて、せめぎ合い、権力の保持者が錯綜《さくそう》する、混沌《こんとん》とした地域でした。領国内で確固たる権力を保持し、他国を侵略《しんりゃく》する必要なく、所領の保有で統治が完結する大大名の国とは異なり、安定性に欠けていたのです。

つまり尾張1国をとっても、該当《がいとう》地域で平定状態を持続させるには、より上位の権力を求め続け、全国支配までしなければ不可能だった、とも考えられます。1国を平らげ一旦《いったん》は支配制度を整えても、内部が他国と結びつきやすく、常に反乱を起こし得る状《じょう》況《きょう》では、領国はすぐに崩壊《ほうかい》します。信長が活路を開くためには、三権門を一元化し、全国的な支配制度を作る必要があった。言い換《か》えれば、尾張に生まれた信長には、天下を掌握《しょうあく》する必然性が存在した、ということです。

信長にとっての天下統一は、「是非に及ばず」なことだったのかもしれません。

戦国時代の偉人❷

軍事、政治、外交に万能な武将

明智光秀

Mitsuhide Akechi

？～1582

信長に仕えて大出世

美濃《みの》に生まれた光秀は、青年時代に故郷を出て越前《えちぜん》に向かったといわれています。越前では朝倉氏に仕えましたが、その暮らしぶりは貧しく、とても一族を率いる状況ではなかったようです。朝倉氏に仕えていても、光秀は実力を発揮する機会に恵まれず、無為《むい》な日々を過ごしていました。

ところが足利義昭の越前亡命をきっかけに、光秀は頭角を現していきます。義昭と織田信長の間を如才《じょさい》なく取り持って、出世を重ねていきました。その後も重用の恩に報いるように武功を立て、信長もまた光秀に誉《ほま》れ高い「惟任《これとう》」姓を用意し、高い職位を与えて彼の才覚を評価しました。光秀は信長の有力家臣のなかで、もっとも遅く仕えた人物ですが、その出世は秀吉に比べても早かったようです。織田家中で揺《ゆ》るぎない地位を築きあげ、柴田勝家が妬《ねた》むほどだったといわれます。

第三章

豊臣秀吉

走れ秀吉《ひでよし》　―中国大返し・山崎《やまざき》の戦い―

1582年（天正10年）の6月6日。

京へ向かって馬を走らせる秀吉の胸に、さまざまな思いが去来します。毛利《もうり》氏の支配下にある中国地方に侵攻《しんこう》するため、秀吉は信長《のぶなが》から中国方面の軍司令官を任命されていました。その侵攻《しんこう》の最中、中国地方・備中《びっちゅう》の高松城《たかまつじょう》（岡山県岡山市）を水攻《みずぜ》めしていたところに、明智謀反《あけちむほん》・信長自害の報せがあったのです。

信長の死を知らされ茫然自失《ぼうぜんじしつ》となった秀吉に、参謀《さんぼう》の黒田官兵衛《くろだかんべえ》が「これは天下取りの好機だ」と言って励《はげ》ましたという話がありますが、たしかに状況《じょうきょう》はその通りでした。

主君として信長が厳然と君臨し、あれだけの殲滅《せんめつ》戦を間近で見てきた秀吉が、早くから天下取りを見据《みす》えていたとは思えません。しかしここで織田家の仇《あだ》・明智光秀《あけちみつひで》を倒《たお》したとなれば、家中の序列は覆《くつがえ》り、地位は飛躍《ひやく》的に上昇《じょうしょう》します。天下人になれる可能性に気づいて、秀吉は考えを切りかえたのでしょう。

そこで秀吉は、京へ向かって約2万の軍勢で引き返す、いわゆる「中国大返し」を決行します。引き返すといっても、容易いことではありません。今まで戦っていた毛利勢に背を向けるわけですから、追撃《ついげき》の機会を与《あた》えてしまいます。

しかし、信長の仇討《あだう》ちというこの「天下取りの大義名分」は、彼だけでなくあらゆる武将に降って湧《わ》いた、またとないチャンスでした。順序からいえば、信長の子息を総大将に迎《むか》え、「父の仇討ち」という形を整えなければならない場面ですが、そこは秀吉。どうにか自分がこの役目を簒奪《さんだつ》できないか、画策します。焦点《しょうてん》となったのは、タイミングとスピード、そして仇討ちの態勢でした。

秀吉は大返しするにあたって、ぎりぎりまでタイミングを見計らっています。直前まで高松城の水攻めを行っていたのですが、もしも自分たちから撤退《てったい》すれば、

そのころ、世界では？

1581年 オランダ独立宣言

ユトレヒト同盟を結んだネーデルラント北部７州は「ネーデルラント連邦共和国」の独立を宣言しました。この国はホラント（オランダ）州を中心に各州の代表で構成された議会によって運営され、1609年の休戦協定までスペインと戦いました。

敵方に異変を悟《さと》られかねません。毛利方が信長の死を知れば、明智軍と結びつき、挟《はさ》み撃《う》ちになることも考えられます。そのため秀吉は平静を装って和睦《わぼく》成立を急ぎ、高松城の城主・清水宗治《しみずむねはる》が切腹し、敵勢が引くのを待ってから、京へ出立しています。

毛利方が信長の死を知ったのは、秀吉軍が消え去った、その直後。秀吉にとっては幸いなことに、このとき毛利氏の当主・輝元《てるもと》は追撃《ついげき》に出ませんでした。もちろん毛利氏にとっても、当時の状況は天下取りのチャンス。けれども彼らは、大軍を擁《よう》していながらそれを諦《あきら》めたのです。理由としては、「自領の安定化に備え、兵力を裂《さ》けなかった」ことがあげられます。大国を治める大大名として、領国運営を優先し、天下取りに対する積極性、必然性がなかった、とも考えられます。

こうして追撃の難を逃《のが》れた秀吉軍は、猛《もう》スピードで京に向かいました。

その凄《すさ》まじい速度は、秀吉が普段《ふだん》から重要視している後方部隊の、優れた機動力によるものと考えられます。大軍を率いる秀吉は、侵攻《しんこう》力を高めるため兵糧《ひょうろう》・弾薬《だんやく》などの輸送システム構築に力を入れていました。その周到《しゅうとう》な準備が、この大返しで活きてきたのです。

秀吉は大返しの途中《とちゅう》、居城の1つだった姫路《ひめじ》城《じょう》（兵庫県姫路市）に到着《とうちゃく》すると、城に蓄《たくわ》えていた兵糧米と軍資金をすべて、惜《お》しむことなく将兵たちに分配し、彼らを1日休ませています。この思い切りの良さで士気は大いに高まり、京への進軍も勢いを増しました。

6月11日、約2万の秀吉軍は、誰《だれ》もが驚《おどろ》く速さで尼崎《あまがさき》（兵庫県尼崎市）に到着します。

この「中国大返し」、つまりは備中から尼崎まで約157キロメートルの道のりを、秀吉軍は軍装のままたった5日で走破したのです。

とにかく速く弔《とむら》い合戦に向かう。そのほかにもう1つ、秀吉にはしなければいけないことがありました。弔い合戦の勢力を整える根回しで

中国大返しの道のり

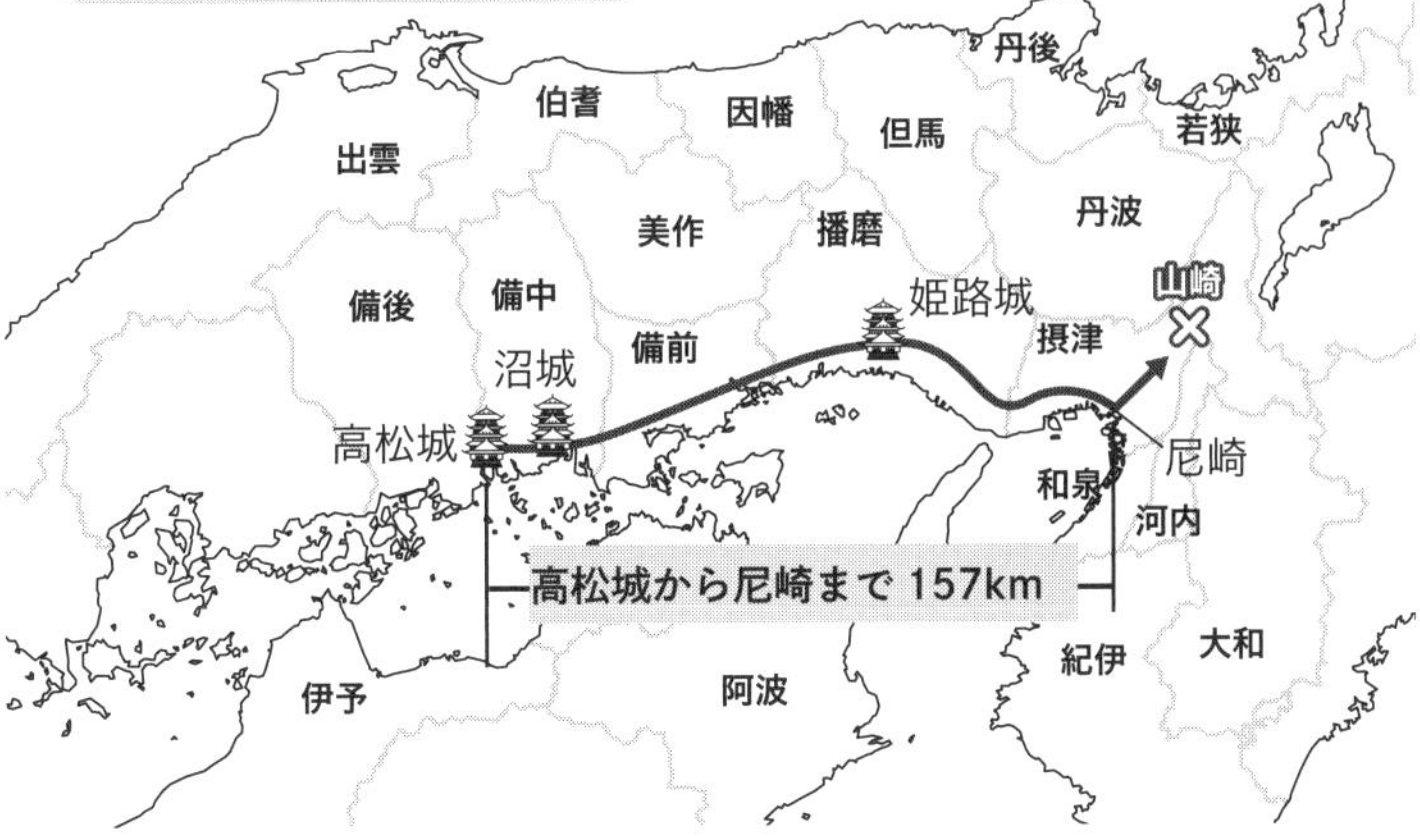

す。

明智の軍勢は約1万3000、秀吉軍はそれを兵力で上回りますが、今回の勝利はただの勝利ではなく、天下人の足がかりとなる「圧倒《あっとう》的な勝利」でなければいけません。秀吉は、信長の家臣だった同僚《どうりょう》の武将たちに参《さん》陣《じん》を求め、連合軍を編成します。

このとき秀吉が、主君の死という混乱に乗じて、「織田家後継者《こうけいしゃ》たちではなく、自分が指揮を執《と》る合戦」に持ち込《こ》んだことは、故意とみられます。前述の通り、信長の子息が「父の仇討ち」をすれば、秀吉はその後もずっと、織田家の家臣だったはずです。

一方の明智光秀は、最初に兵を返して来る

山崎の戦い

のは柴田勝家《しばたかついえ》だと予測していたようです。つまり光秀にとって最大の敵は勝家で、まさか秀吉が立ちはだかるとは考えていなかったのです。それでも8日の段階で、光秀は秀吉の動きをとらえていたと思われます。

光秀もとうぜん、弔《とむら》い合戦に対抗《たいこう》するため、根回しをしていました。しかしながら織田家の家臣は多くが秀吉方につき、直属の家臣以外、光秀の頼《たよ》りになる相手はいませんでした。近しい間柄《あいだがら》の細川藤孝《ほそかわふじたか》さえ、協力には難色を示したのです。根回しの素早さ、人たらしの能力。それが光秀にはなく、秀吉にはあった。運命の分岐点《ぶんきてん》でした。

信長の弔い合戦は、現在の京都府《きょうとふ》にある、山崎《やまざき》の地で行われました。

13日、両軍は円明寺川を挟《はさ》んで対陣《たいじん》。「山崎の戦い」のはじまりです。

秀吉の軍勢はすでに、明智軍の動きを見下ろせる要衝《ようしょう》の地、天王山を押《お》さえていました。午後4時ごろ、その天王山で戦端《せんたん》が開かれます。明智軍が先鋒《せんぽう》の中川隊へ攻《せ》めかかり、別働隊も秀吉の軍勢に突撃《とつげき》しました。秀吉軍は、根回しが功を奏して諸将が味方につき、4万の大軍に膨《ふく》れ上がっていました。

主力である斎藤利三《さいとうとしみつ》の隊が壊滅《かいめつ》すると、明智軍は敗走。光秀《みつひで》は再起をはかって本拠地《ほんきょち》の坂本城《さかもとじょう》（滋賀県大津市）を目指しますが、途中《とちゅう》で落ち武者狩《が》りにあい、農民に殺されてしまいます。1つの政権を支えた名将にしては、屈辱《くつじょく》の最期でした。

その後、光秀の首は京に晒《さら》されます。

その首は、当主を死に追いやった、織田《おだ》家の「仇」の首でした。

しかし秀吉にとっては、運命を賭《か》けた大返し、そして弔《とむら》い合戦を制してようやく手に入れた、「天下取りの大義名分」でもありました。

足軽の子が天下人になるには、どうしても必要な首だったのです。

運をつかんだ青年 ―秀吉の出世―

秀吉は1536年（天文5年）の元旦《がんたん》に生まれた、といわれています。しかしそうではなく、本当は天文6年生まれではないか、幼名は日吉丸《ひよしまる》ではないかなど、その出生は謎《なぞ》に包まれています。貧しい農家の子どもだったとみられてきましたが、現在では足軽の子という説が有力です。

秀吉の出生の謎の原因は、秀吉自らが書かせた伝記の存在にあるといえます。伝記で自身を天皇の落胤《らくいん》（密かに生ませた下流の子）だと匂《にお》わせるため、秀吉が実際の出生情報を隠蔽《いんぺい》したのでは、というものです。

秀吉は立身出世の代表例として、死後も人気を誇《ほこ》る人物。そうした出生の謎もあって、貧農から天下人という落差の演出も定番化し、数々の逸話《いつわ》が創られたのです。

秀吉が実際に歴史の表舞台《おもてぶたい》で確認されるのは、28歳《さい》以降のこと。それまでの足取りは不明です。美濃攻めの際、秀吉が短期間で築いたという、有名な「墨俣《すのまた》の

そのころ、世界では？

1533年インカ帝国滅亡

スペイン国王カルロス１世とコンキスタドール（征服者）ピサロの間で、インディオを使役して得た鉱物などの資源を、その征服者のものとする協定が結ばれ、ピサロはアンデス山脈を中心に栄えていたインカ帝国を滅ぼしました。

一夜城」の話も、金ヶ崎の戦いで秀吉がしんがりをつとめて、信長の本隊を無事に帰還させた「金ヶ崎《かねがさき》の退き口」での活躍《かつやく》と同様、現在では信憑性《しんぴょうせい》が低いとみられています。

とはいえ秀吉が織田家に奉公《ほうこう》し、頭角を現していった時期は、ちょうど織田家の急成長時代。活躍《かつやく》の機会も多かったはずです。秀吉はそうした天運と持ち前の才覚で、驚異《きょうい》の出世を果たしたのです。身分の低さを逆手に取って、織田家の秩序《ちつじょ》から外れ、信長《のぶなが》に注目され、その手足として動いたのでしょう。

28歳《さい》までの秀吉は、信長の権威《けんい》を背景に活発に動き、後年につながるネットワーク作りに励《はげ》んでいたのかもしれません。謎の多い人物ですが、下層民の出身ながら城を持てるまでの身分に成り上がったのは事実。戦国時代において、秀吉が優れた人材だったことは、疑いようもありません。

念願のマイホーム　―長浜城《ながはまじょう》と戦国の城―

秀吉がはじめて城主となった城、近江《おうみ》（現在の滋賀県）の長浜城（滋賀県長浜市）は、琵琶湖《びわこ》のほとりに位置する平城でした。

姉川《あねがわ》の戦いなど数々の戦いを経て36歳《さい》になった秀吉は、越前《えちぜん》攻めの恩賞として、浅井《あざい》氏の旧領を与《あた》えられます。しかし小谷城《おだにじょう》（滋賀県長浜市）には居着かず、琵琶湖畔《はん》に下った場所を「長浜」と改名し、長浜城を築いて移り住みました。

琵琶湖に面した長浜は、流通において有利。信長の領国である尾《お》張《わり》（現在の愛知県西部）・美濃《みの》（現在の岐阜県南部）、そして畿内《きない》

琵琶湖周辺のネットワーク

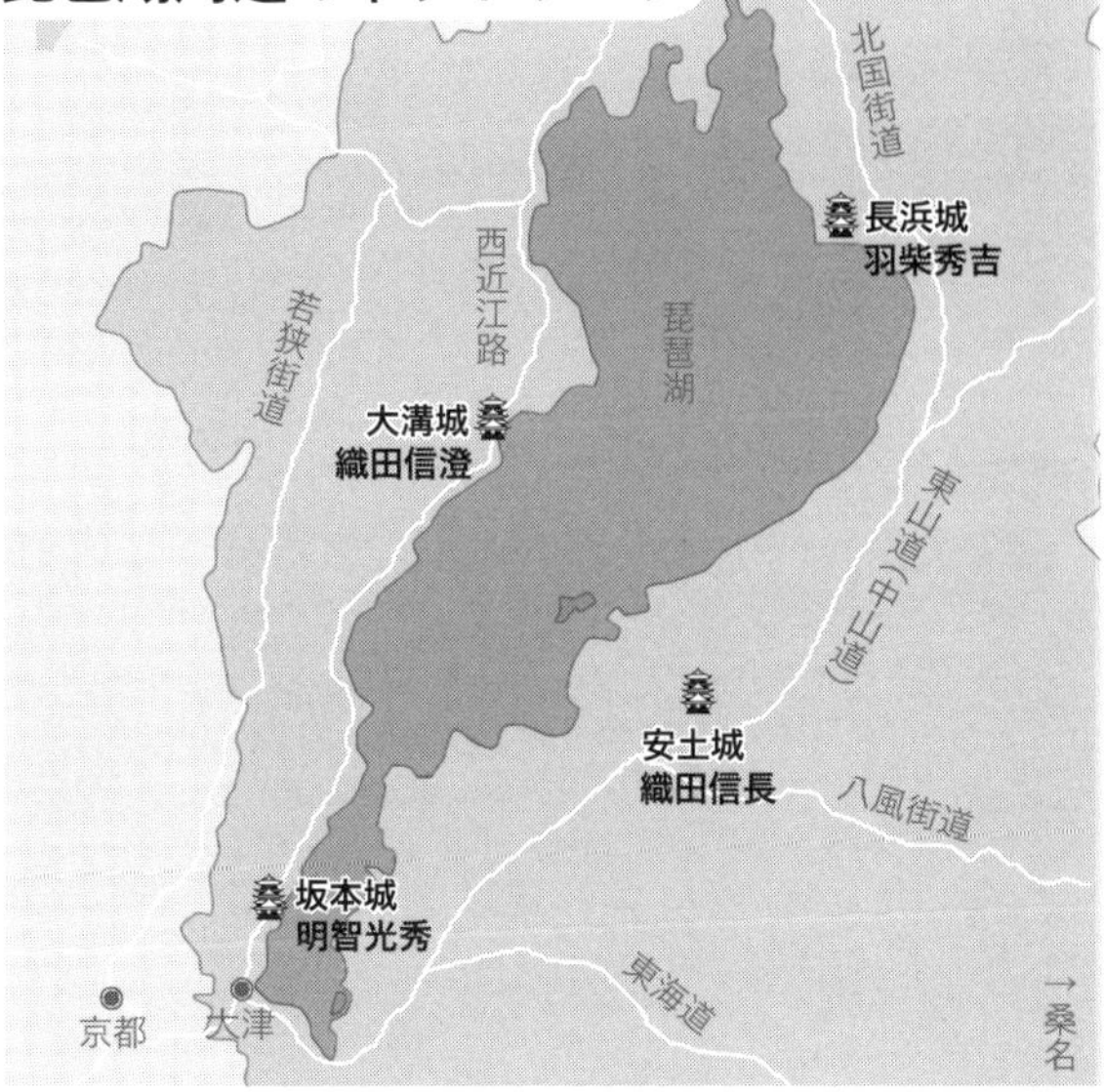

（京に近い国々。おもに現在の京都府、大阪府、兵庫県、奈良県）へ通じる中山道《なかせんどう》があります。また、移転は越前（現在の福井県北部）の一向一揆《いっこういっき》を分断するという狙《ねら》いもあったはずです。この地域には本願寺《ほんがんじ》の支配下にある有力な寺院が点在し、大きな脅威《きょうい》となっていました。

さらには鉄砲鍛冶《てっぽうかじ》集団の定住地を支配する、という意図もあったようです。近江にある国友《くにとも》（滋賀県長浜市）は、堺《さかい》（大阪府堺市）や根来《ねごろ》（和歌山県岩出市）と並ぶ鉄砲生産地。長浜の近傍《きんぼう》に位置します。

ただそうした意図以上に、秀吉が小谷城を離れた理由は、それが山城という形態にあるのかもしれません。

山城は防御的に優れますが、攻撃《こうげき》面では当時、欠点が目立つようになっていました。兵農分離《へいのうぶんり》が進んで合

そのころ、世界では？

1571年スペイン人がマニラ市を建設

1565年にスペインのカルロス１世がフィリピンに派遣したレガスピが、ルソン島のマニラに入城しました。その後1571年に建設されたマニラ市は、メキシコの銀をガレオン船で運び込《こ》んで中国の商人と交易する、ガレオン貿易の拠点となりました。

戦動員数が激増したため、山城では補給や陣取《じんと》りの観点から不利になると考えられたのです。秀吉はそれを回避したのでしょう。

このように、戦国時代は山城から平城への移行期間でもありました。なお山城衰退《すいたい》の原因は、軍事面での弱みだけではありません。三権門の一元化、つまり各地域各勢力に分散した権力が中央政権に集約されるその過程で、山城が権力者の脅威《きょうい》となったため、破却《はきゃく》されて数を減らしたという見方もできるのです。

山城は単なる本拠地《ほんきょち》・居城ではありません。いくさとなれば領民の避難所《ひなんじょ》として機能し、籠城戦《ろうじょうせん》ではそのまま防衛施設《しせつ》となりました。

そのため戦国大名は支配を強める過程で、敵方の城を破却《はきゃく》するという城割りの政策を実行しました。徳川幕府《とくがわばくふ》もそれを引き継《つ》いで「一国一城令」を下し、大名の居城は領国に1つのみと制限しています。そうして城の中心的機能は有事の拠点《きょてん》から行政の場へと次第に変化しました。

城攻《しろぜ》め3連発！ ―軍略の才―

秀吉は、政策を信長にならう一方で、戦い方に関してはまるで正反対でした。たとえば攻城戦《こうじょうせん》。信長は短期間の殲滅戦《せんめつ》で決着させる傾向《けいこう》がありますが、秀吉は長期戦に持ち込《こ》みます。城主の死を条件に和睦《わぼく》を成立させ、決着させることが多いのです。

秀吉が中国地方で行った、3つの攻城戦を見てみましょう。

1576年（天正4年）、信長は毛利攻めに本腰《ほんごし》を入れました。前述の通り、秀吉を「中国方面軍司令官」に抜擢《ばってき》し、毛利氏が支配する中国地方の制圧を命じたのです。

1つ目の三木城《みきじょう》攻めは、「三木の干殺し」の名で知られる、播磨《はりま》（現在の兵庫県南西部）で行われた攻城戦です。

播磨は織田領と毛利領が接する地帯。秀吉はまず時間をかけて、この地帯の領主たちを味方に引き込んでいます。ところが一旦《いったん》は織田方についた三木城（兵庫県三木市）の別所長治《べっしょながはる》が、毛利氏と通じて離反《りはん》を表明。着々と進んでいた播磨平定は白紙に戻ってしまいました。

そして1578年（天正6年）6月、秀吉は三木城を攻め落としにかかります。三木城は丘《おか》の上に築かれた平山城。秀吉は兵糧《ひょうろう》攻めをしかけましたが、想定よりも長くかかり、開城は1580年に持ち越《こ》されました。兵糧が尽《つ》きて現れた城主、長治と一族は秀吉の条件を受け入れて自害。引きかえに城兵の命は助かりました。

長期戦を覚悟《かくご》していたとはいえ、三木城攻めがここまで長引いた理由は、城内に備蓄《びちく》米《まい》が相当数あった、毛利方が秘密裏に兵糧米を送り込《こ》んだなど、諸説あります。とはいえ何にしろ、秀吉がこの失敗から学び、次の城攻めに役立てたことは間違《まちが》いありません。

2つ目の鳥取城《とっとりじょう》攻めは、「鳥取の渇《かつ》え殺し」で知られる、因幡《いなば》（現在の鳥取県東部）で行われた攻城戦です。

鳥取城（鳥取県鳥取市）は典型的な山城で、難攻不落《なんこうふらく》の要塞《ようさい》でした。秀吉は今回も、力攻めではなく兵糧攻めを採用します。1581年（天正9年）7月、相手方の1400に対し、秀吉は2万の大軍で取り囲みました。

三木城攻めの二の舞《まい》にならないよう、秀吉は入念な準備をして臨んでいます。まずは近隣《きんりん》の米を買い占《し》めて、値段を倍に引き上げました。すると相場の高さにつられ、城側は米を売りに出してしまったというわけです。そのうえで兵士に命じて領民に乱暴し、彼らを鳥取城へ追いやりました。城内の人数を増やし、籠城《ろうじょう》時の兵糧を少しでも早く失わせる算段です。こうした攻城前の工作は、秀吉の目論見通りになりました。

早くも9月、城内は悲惨《ひさん》な状況《じょうきょう》に陥《おちい》りました。人々は餓鬼《がき》のように痩《や》せ衰《おとろ》え、馬を潰《つぶ》し、草の根・木の皮で飢《う》えをしのぎ、さらには餓死者《がししゃ》の肉を裂《さ》いて食べ……まるで地獄《じごく》。

毛利家家臣で、城主を務める吉川経家《きつかわつねいえ》も、あまりの光景に開城を決意。自らの死と引きかえに城兵の助命を願い、約100日間の籠城を終えました。

3つ目の攻城戦、「高松城攻め」は、備中《びっちゅう》（現在の岡山県西部）で行われたいくさです。「備中高松城の

そのころ、世界では？

1580年 イギリスのドレークが世界周航《しゅうこう》を達成

16～17世紀のヨーロッパには、政府から免許を与えられて海賊行為をする私拿捕船《しだほせん》というものがありました。この船の船長で有名なフランシス・ドレークは、スペイン船を襲い略奪して60万ポンドの富を得ながら、世界周航を達成しました。

水攻め」の名で知られ、秀吉が「中国大返し」を決行するまで続けられました。

高松城は、三木城と鳥取城と違《ちが》って、完全なる平城です。低湿地帯《ていしっちたい》に位置し、沼田《ぬまた》に囲まれています。秀吉はこの地形を生かした作戦を考えました。水攻めです。たった19日の突貫《とっかん》工事で堤防《ていぼう》を築かせ、近くの川を堰《せ》き止めると、その水を城に向けて流しました。折しも時期は梅雨。高松城はたちまち水没《すいぼつ》します。

報せを受けた毛利の家臣が駆《か》けつけますが、水びたしの高松城を前に何もできず、和睦《わぼく》の話し合いが進められました。話し合いは難航しましたが、本能寺《ほんのうじ》の変を知った秀吉が、備中・伯耆《ほうき》（現在の鳥取県中部西部）を合わせた領土の折半で妥協《だきょう》。城主・清水宗治《しみずむねはる》の切腹を求めたうえで、交渉《こうしょう》を成立させました。城兵の命は今回も助けられています。

3つの城攻めを通してみると、秀吉はできるだけ自軍に損害がない形で終結させるために、はじめから勝ちの決まったいくさを心がけていることが分かります。状況《じょうきょう》をつぶさに観察し、学習し、準備を徹底《てってい》し、またそれを可能にする圧倒《あっとう》的な兵力、資金を用意しているのです。

加えて忘れてはならないのが、敵方を寝返らせる巧《たく》みな軍略です。秀吉は城攻めにあたり、和睦《わぼく》に向けて、相手が降伏するように仕向ける誘降《ゆうこう》作戦を実行しています。

三木城攻めの前は、播磨の一大勢力である小《こ》寺政職《でらまさもと》を織田方に寝返らせました。それを可能にしたのは、事前に小寺の家老を味方につけていたからでした。この家老というのが黒田《くろだ》孝高《よしたか》、官兵衛《かんべえ》です。官兵衛は前述の通り、秀吉に天下取りを促《うなが》した人物です。天才軍師として名を馳《は》せた官兵衛は、この中国攻めで秀吉と本格的に協力体制をとり、やがて臣従します。

官兵衛と並んで「両兵衛《りょうべえ》」と評される天才軍師に竹中重治《たけなかしげはる》、半兵衛《はんべえ》がいます。

半兵衛は美濃の菩提山城《ぼだいさんじょう》（岐阜県不破郡）・城主竹中重元《しげもと》の嫡男《ちゃくなん》。弟の重矩《しげのり》ら16人と、主君

の愚行《ぐこう》を諫《いさ》めるため、稲葉山城《いなばやまじょう》（岐阜県岐阜市）を占拠《せんきょ》したことで有名です。その才能を見込《みこ》んだ秀吉が、3回も出向く「三顧《さんこ》の礼」で家臣に迎《むか》えたといわれる稀代《きたい》の知恵者《ちえしゃ》でした。秀吉軍の陣形《じんけい》を独断で改める権限すら与《あた》えられ、近江の浅井長政の家臣たちを寝返《ねがえ》らせたことでも知られます。

ところで黒田官兵衛は、三木城攻略《こうりゃく》の同年に、信長に背いた荒木村重《あらきむらしげ》に捕《と》らわれて、1年近くも幽閉《ゆうへい》されてしまうわけですが、味方に離反《りはん》したと疑われ、預けていた嫡男《ちゃくなん》・松寿丸《しょうじゅまる》（のちの黒田長政《ながまさ》）に処刑《しょけい》命令が下されてしまいます。しかしながら半兵衛が、自分の手で殺したと偽《いつわ》って、その松寿丸を救出。自身の本拠地《ほんきょち》に匿《かくま》ったとされています。半兵衛は生まれながらに病弱で、三木城攻めの最中に病没《びょうぼつ》してしまいますが、松寿丸にまつわるこの逸話《いつわ》は、同時期に秀吉のもとで働いた、両兵衛の絆《きずな》を感じさせます。

秀吉軍の天才軍師として、巧《たく》みな軍略術で知られた黒田官兵衛と竹中半兵衛。しかしもっとも優れた軍略家は、この2人の天才を抱《かか》え込んだ、秀吉自身かもしれません。

その秀吉の一世一代の舞台となったのが、あの「清洲《きよす》会議」でした。

三男推し、待ったなし ―清洲会議―

場面は秀吉が中国大返しを強行し、信長の弔《とむら》い合戦、山崎の戦いを制し、光秀の首が京に晒《さら》された後に移ります。

1582年（天正10年）6月、尾張の清洲城《きよすじょう》（愛知県清須市）に織田家の重臣が集まりました。信長の跡継《あとつ》ぎを決める「清洲会議」を行うためです。会議に出席したメンバーは今日でも謎《なぞ》ですが、織田家の四宿老、つまりは秀吉、柴田勝家と丹羽長秀《にわながひで》、そして池田恒興《いけだつねおき》の参加は間違《まちが》いないといわれています。4人はそこで織田家の後継者《こうけいしゃ》問題に加えて、遺領分配について話し合いました。

秀吉が信長の後継者として推薦《すいせん》したのは、本能寺《ほんのうじ》の変当日に明智勢に倒《たお》された、信長の嫡男《ちゃくなん》・信忠《のぶただ》の子。織田家嫡流《ちゃくりゅう》とはいえ、まだわずか3歳《さい》と幼い三法師《さんほうし》でした。このとき、後継者候補はほかに2人。信長の二男・信雄《のぶかつ》と、三男・信孝《のぶたか》です。それぞれ側室の子として同年に生まれた2人は、すでに元服をすませ、家督《かとく》を継《つ》ぐのに相応しい年齢《ねんれい》でした。一方の三法師は、後ろ盾《だて》を必要とする幼児。秀吉は実質的な擁護者《ようごしゃ》となって、天下取りの大義名分を手に入れようとしたわけです。

　その明らかな目論見に正面から異を唱えたのが、柴田勝家でした。もとは信長の弟・信勝《のぶかつ》の家老として織田家に仕えた彼は、信勝の謀反《むほん》を密告して信長の信頼《しんらい》を得ると、数々のいくさで活躍《かつやく》し重用され、織田軍団の長として確固たる地盤《じばん》を築いていました。

　しかしその勝家が、このときは立場を弱くしていました。越後《えちご》（現在の新潟県）へ進攻《しんこう》していた彼は本能寺の変を遅《おく》れて知り、信長の弔《とむら》い合戦に参加し損ねたのです。そのたいへんな不名誉《めいよ》を挽回《ばんかい》しようと、勝家は秀吉に対抗《たいこう》して、信長の三男・信孝を後継者に推しました。

清洲会議の相関図

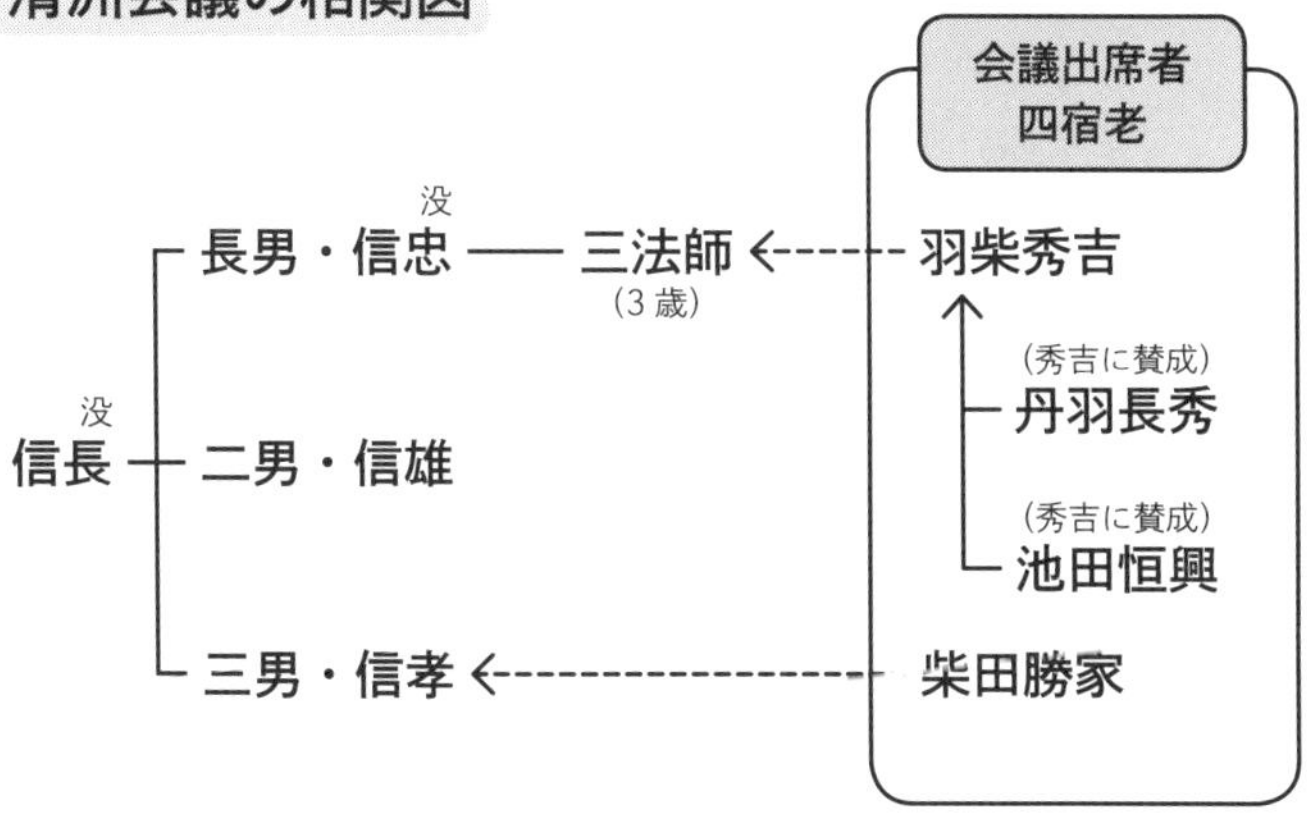

織田家の序列からいえば、それまでの秀吉は勝家よりも下の立場でした。しかしながら前述の通り、主君・信長の仇《あだ》を討ったという功績は絶大で、序列を覆《くつがえ》してしまうほどの効果をもっています。さらには宿老のうち、勝家以外の2人、丹羽長秀と池田恒興も秀吉に同調しました。

長秀は、15歳《さい》のころから信長に仕え、桶狭間《おけはざま》戦にも従軍した古参の重臣。恒興も織田の古参。信長の乳兄弟として育ち、多くの戦功で知られています。2人も、信長の弔《とむら》い合戦に参戦し、存在感を強めていました。

多数決で押《お》し通し、織田家の後継者は三法師に決定。そもそも後継は三法師だった、という見方もありますが、すべて秀吉の有利に進みました。

しかしこの決定により、秀吉と勝家の対立は避《さ》けら

そのころ、世界では？

1580年 スペインがポルトガルを併合

スペインのフェリペ2世は、王朝が途絶えたポルトガルに軍を送り、両国の王を兼ねるかたちで実質的にポルトガルを併合。これによりスペインはアフリカやインドなどのポルトガルの海外領地を加え、「太陽の沈まぬ国」と呼ばれるようになりました。

れないものとなりました。そこで秀吉は軍略の才を発揮し、遺領の再配分では勝家に相当な譲歩《じょうほ》をしたうえで所領を増加、長浜城まで渡《わた》しています。勝家に対する警戒心《けいかいしん》の表れとも取れるでしょう。

もう1人、秀吉が警戒《けいかい》しなければならない人物がいました。徳川家康《とくがわいえやす》です。家康は本能寺《ほんのうじ》の変の際、信長の招きで安土城《あづちじょう》（滋賀県近江八幡市）を訪れ、堺を見物していました。信長の死を知ったとき、周囲にはわずかな供がいるだけ。不安定な情勢のなか、どうにか伊賀《いが》（現在の三重県西部）を越《こ》えて伊勢《いせ》（現在の三重県北中部、愛知県と岐阜県の一部）へ抜《ぬ》け、三河《みかわ》（現在の愛知県東部）に戻《もど》っていたのです。

清洲会議は織田家内部の会合。同盟関係にあろうと部外者の家康は、出席する立場にありません。しかしながら秀吉は、勝家の動きを細かに知らせ、家康の出方を探るような動きを見せています。これもまた、警戒心《けいかいしん》の表れといえるでしょう。

信長と信忠亡き後、織田家を統率する実質的な人物といえば、順当なら柴田勝家か丹羽長秀のはずでした。成り上がりの自分がその座についたとなれば、家康もまた野心を見せるかもしれない。秀吉はそう考えたのかもしれません。

column 4

キリスト教の伝来

九州キリシタン大名と少年使節団

イエズス会のザビエルが、布教のために鹿児島へ来た1549年から14年後、日本初のキリシタン大名が誕生しました。肥前《ひぜん》（現在の佐賀県・長崎県）の大村純忠《すみただ》です。宣教師は貿易の仲介も行っており、純忠はその利潤を得るために、領内の横瀬浦《よこせうら》（長崎県西海市）へポルトガル船を受け入れてキリシタンになりました。貿易のための入信でしたが、教えに傾倒した純忠は仏教を弾圧し、長崎をイエズス会に寄進しました。

北九州の大名、大友宗麟《そうりん》も熱烈な信徒でした。日向《ひゅうが》（現在の宮崎県）にキリシタン教国の建設を計画し島津氏と衝突するほどで、宗麟は同じキリシタン大名の有馬晴信《はるのぶ》と純忠と3人で、1582年に伊東マンショら4人の少年をヨーロッパへ派遣しました。

彼ら天正遣欧《てんしょうけんおう》少年使節団は、グレゴリオ

ザビエルが布教活動したおもなルート

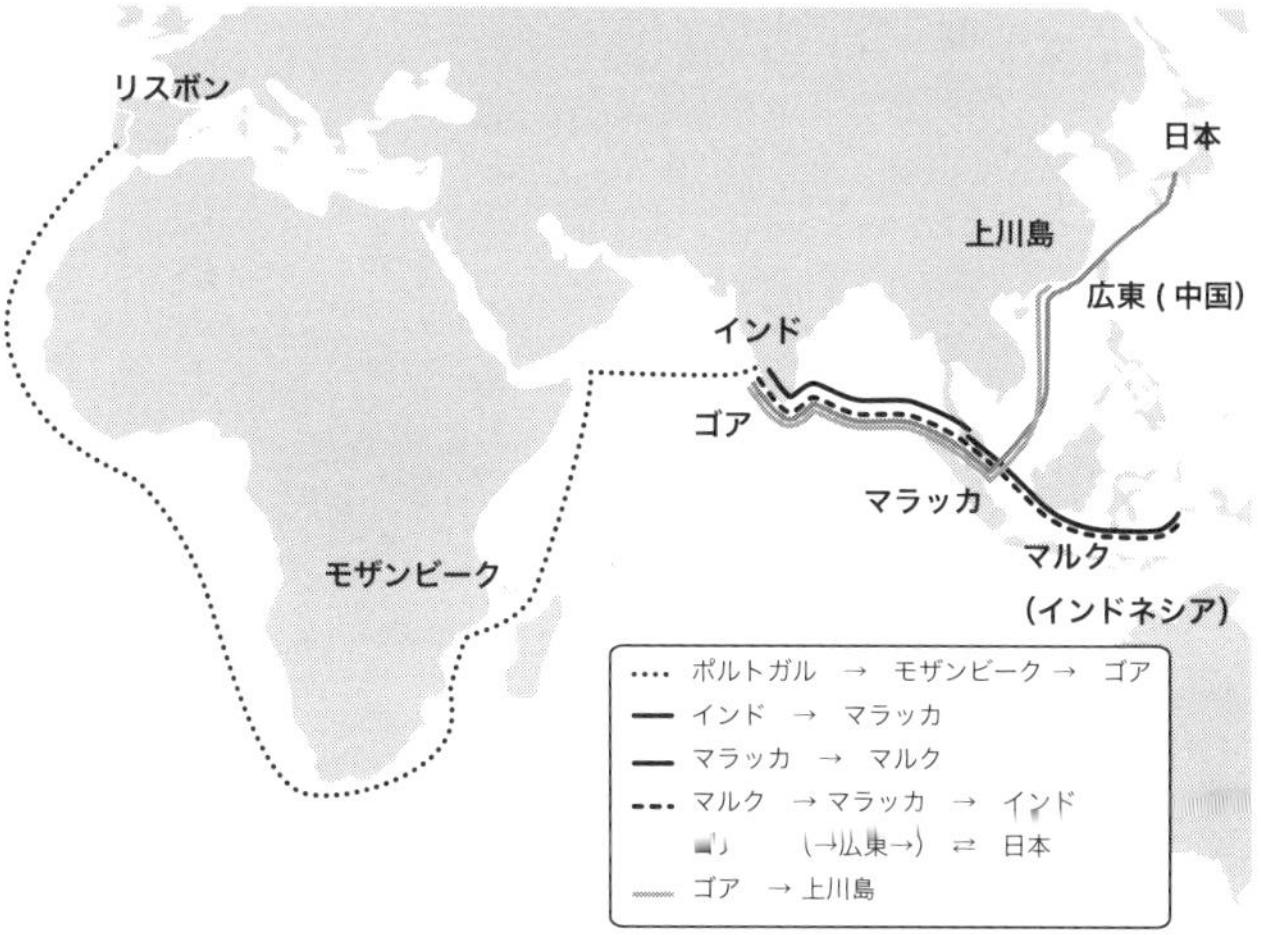

暦を制定したローマ教皇グレゴリオ13世やスペイン国王に謁見《えっけん》。8年半にわたりヨーロッパで親善と文化交流に努め、帰国時には、15世紀にドイツのグーテンベルクが発明した活版印刷機を持ち帰りました。

しかし彼らが戻った九州は大きく変動していました。大友氏は島津氏に大敗し、その島津氏も秀吉の九州攻めで豊臣支配を受け入れ、キリシタン大名は秀吉によるバテレン追放令で信仰を禁じられていました。宗麟も純忠もすでに死亡。活版印刷機はその後、徳川幕府によるキリシタンの国外追放に伴いマカオへ渡りました。こののち、日本で活版印刷が普及するまでに約250年の時を要しました。

秀吉を支える仲間たち ―賤《しず》ケ《が》岳《たけ》の戦い―

信長の後継者として、三法師に家督《かとく》の相続が決まりましたが、清洲会議の後、秀吉はこの決定を反故にします。後継者から外された三法師の叔父《おじ》、織田信孝の不穏《ふおん》な動きに対する判断でした。

信孝は父・信長によく似た猛将《もうしょう》で、弔《とむら》い合戦にも参加しています。織田家中でも評価は高く、後継者の第1候補と目されていました。秀吉が三法師を推薦《すいせん》した理由には、この信孝を封《ふう》じる目的もあったのです。

その信孝が、清洲会議が終わっても預かった三法師を岐阜城《ぎふじょう》（岐阜県岐阜市）に置いたまま、手放しませんでした。三法師の安土城への引き渡《わた》しを要求しても応じず、秀吉は信長の葬儀《そうぎ》を喪主《もしゅ》の三法師不在のまま決行。とうぜん2人の対立は激化していきます。

こうなると三法師を抱《かか》え込《こ》んだ信孝という「織田家」と、「主家に刃《やいば》を向ける謀反人《むほんにん》」秀吉、という対立構造になってしまい、秀吉の立場は一転しかねませんでした。

そこで焦《あせ》った秀吉は三法師のもう1人の叔父・信雄に接近。三法師の名代（名目上の後見人）として、一旦《いったん》は信雄に家督を預けることにし、彼を織田家の当主にすえたのです。信雄は人望もなく御《ぎょ》しやすく、信孝とも反目しあっていたため、この策は容易に実行されました。

それを受けて信孝は、柴田勝家・滝川一益《たきがわいちます》ら、古参ながら政権中枢《ちゅうすう》から排除《はいじょ》されたため、秀吉へ強硬《きょうこう》姿勢を見せる勢力と連携《れんけい》し、対抗《たいこう》の構えを整えていきます。

信雄・秀吉方と、信孝・勝家方の決戦は、いよいよ現実的になりました。

伊勢の秀吉対一益戦を皮切りに、両陣営《じんえい》は衝突《しょうとつ》を繰《く》り返します。

そして1583年（天正11年）、3月。

秀吉軍の伊勢出陣《しゅつじん》中に、勝家の軍勢が越前《えちぜん》（現在の福井県北部）の北ノ庄城《きたのしょうじょう》（福井県福井市）から出陣しました。

勝家はこの出陣までに、秀吉の思い通りになるぐらいなら、と室町幕府《むろまちばくふ》再興を考え、備後《びんご》（現在の広島県東部）にいた足利義昭《あしかがよしあき》の帰京を促《うなが》しています。義昭を抱《いだ》く毛利氏と繋《つな》がることで、秀吉の動きを牽制《けんせい》しようと思ったのでしょう。西の毛利軍と南の滝川軍で秀吉を挟《はさ》み撃《う》ちにできれば、戦局はより優勢に持ち込《こ》めます。

一方秀吉も、毛利氏に協力を求めていました。そのため毛利氏は中立的立場を維持《いじ》すると決め、どちらの要請《ようせい》にも応じない姿勢を見せています。

勝家は以前から上杉景勝《うえすぎかげかつ》にも連携《れんけい》を求めていましたが、こちらも動きを見せません。そのため正攻法《せいこうほう》で行くしかないと、まだ雪が残る北陸を出立したのです。

反秀吉勢力の中枢《ちゅうすう》にいた織田信孝は、このときすでに母と娘《むすめ》を人質に出し、秀吉の支配を受け入れていました。しかし勝家の出陣を受け、再び決起。

秀吉は勝家を迎撃《げいげき》するべく近江北部に赴《おもむ》いて、賤ヶ岳《しずがたけ》（滋賀県長浜市）に砦《とりで》を築かせていましたが、信孝の挙兵を知って岐阜城へ向かいました。

一方、秀吉本隊が去ったあと、近江北部の戦場では勝家軍が攻勢《こうせい》に出ます。勝家は甥《おい》の佐久間盛政《さくまもりまさ》に、秀吉方の陣営《じんえい》を攻撃《こうげき》させ、中川清秀《なかがわきよひで》らを討ち取りました。

その際、勝家は盛政に「これ以上、深追いするな」と命じましたが、盛政の方は岐阜まで行った秀吉が「すぐに戻《もど》るはずがない」と思ったのか、秀吉方の砦《とりで》まで攻め取ってしまいました。

しかし、その砦を奪《うば》って気を抜《ぬ》いた盛政隊のもとへ、秀吉軍が舞《ま》い戻《もど》ります。軍勢、およそ1万5000。その大軍が、わずか5時間で52キロメートルの距離《きょり》を引き返して来たのです。中国大返しで見せた、驚異《きょうい》の速さでした。

秀吉軍は到着《とうちゃく》すると、すぐさま総攻撃を開始。

1583年（天正11年）4月、「賤ヶ岳の戦い」がはじまりました。

すでに撤退《てったい》をはじめていた盛政隊は、慌《あわ》てて応戦しますが間に合いません。

秀吉の近習《きんじゅ》が盛政隊に斬《き》り込み、猛然《もうぜん》と攻めかかります。

そうして賤ヶ岳の戦いは結局、佐久間盛政隊の敗走で終幕。

秀吉の軍勢はさらに勝家軍を追撃《ついげき》し、その居城である北ノ庄城を攻め囲みました。勝家は対抗《たいこう》できずに自害。お市《いち》の方とともに、前章の通り悲劇的な死を迎《むか》えます。

ところで秀吉は、賤ヶ岳の戦いで奮戦した近習を称《たた》え、彼らに恩賞を与《あた》えています。

福島正則《ふくしままさのり》、脇坂安治《わきさかやすはる》、加藤嘉明《かとうよしあき》、加藤清正《かとうきよまさ》、平野長泰《ひらのながやす》、片桐且元《かたぎりかつもと》、糟屋武則《かすやたけのり》。

さまざまな創作物で「賤ヶ岳の七本槍《しちほんやり》」として知られる、7人の武将です。なかでも、加藤清正と福島正則の2人は、後に大大名となる傑物《けつぶつ》でした。

加藤清正は1562年生まれ。尾張の愛知《あいち》郡中村《ぐんなかむら》（現在の名古屋市中村区）出身です。

幼名は虎之《とらの》助《すけ》。

　母は秀吉の伯母《おば》で、彼は秀吉の従兄弟にあたります。長浜で秀吉に仕えはじめ、元服を済ませると秀吉の中国攻め、鳥取城攻めで初陣《ういじん》を迎えました。清正は大柄《おおがら》で知られ、帝釈栗毛《たいしゃくくりげ》という巨大《きょだい》な馬に乗って暴れ回り、数々のいくさで活躍《かつやく》しましたが、賤ヶ岳の戦いの際はこの馬が病で使えず、徒歩で従軍したそうです。それにもかかわらず「5時間で52キロメートル」の進軍をこなし奮戦したのですから、よほどの猛者《もさ》といえるでしょう。清正は4年後の九州攻めに参陣し、その後、肥後《ひご》（現在の熊本県）熊本25万石の大大

賤ヶ岳の七本槍

脇坂安治	（1554～1626）	近江出身
片桐且元	（1556～1615）	近江出身
平野長泰	（1559～1628）	尾張出身
福島正則	（1561～1624）	尾張出身
加藤清正	（1562～1611）	尾張出身
糟屋武則	（1562～　？　）	播磨出身
加藤嘉明	（1563～1631）	三河出身

豊臣政権の中核を担った世代。1550年代から1560年代前半生まれの家臣が多い。ほかに、石田三成や大谷吉継、藤堂高虎らも同世代。

名になりました。

もう1人の福島正則は、1561年生まれ。尾張の海東郡《かいとうぐん》（現在の愛知県あま市）出身です。幼名は市松《いちまつ》。

清正と同じく秀吉の従兄弟ですが、正則のほうがより秀吉と血縁《けつえん》関係が近かったようです。初陣《ういじん》は中国攻めの三木城攻め。賤ヶ岳の戦いでは一番槍《やり》の武功をあげ、ほか6人の3000石に対し、1人だけ5000石を加増されています。九州攻めの後は伊予《いよ》国（現在の愛媛県）今治《いまばり》2万3000石の大名となり、秀吉の死後は、49万石の広島藩主《はんしゅ》に栄進しています。

彼ら一門衆の活躍《かつやく》もあり、秀吉は勝利をおさめることができました。

賤ヶ岳の戦いの後、勝家の死から程なくして、織田信孝も自害。

秀吉包囲網《ほういもう》をしかけた織田家旧有力者たちは皆《みな》、いなくなりました。

秀吉はその後、戦いに協力しなかった越後の上杉氏を詰問《きつもん》し、服従の証として人質を差し出させています。

支配体制は着々と整い、天下統一戦はいよいよ終盤です。

column 5

スペインと伊達政宗

スペインの植民地・メキシコとの貿易を求めて使節団を派遣

1567年、出羽国《でわ》(山形県、秋田県)の大名・伊達輝宗《てるむね》の子に生まれた政宗は、幼い頃に病を得て隻眼《せきがん》となりましたが、養育係の片倉小十郎のもと、強い向上心を持つ武将に成長し、奥州《おうしゅう》(現在の東北南部の大部分)を領する戦国時代屈指の大名になりました。

豊臣秀吉の没後、政宗は徳川家康に接近。家康が布教による征服の野心を見せたスペイン・ポルトガルを見限り、布教を伴わないオランダ貿易に切り替えようとすると、政宗はそれを好機と見てスペインの使者や宣教師に近づきました。彼らに植民地メキシコへの帰国船を提供し、その船に家臣の支倉常長《はせくらつねなが》らを乗せ、スペイン国王とローマ教皇のもとへメキシコ貿易の交渉のために送り出したのです(慶長遣欧使節《けいちょうけんおう》)。奥州は地理的な理由から貿易に出遅れており、政宗は独自に交易ル

慶長遣欧使節団の航路

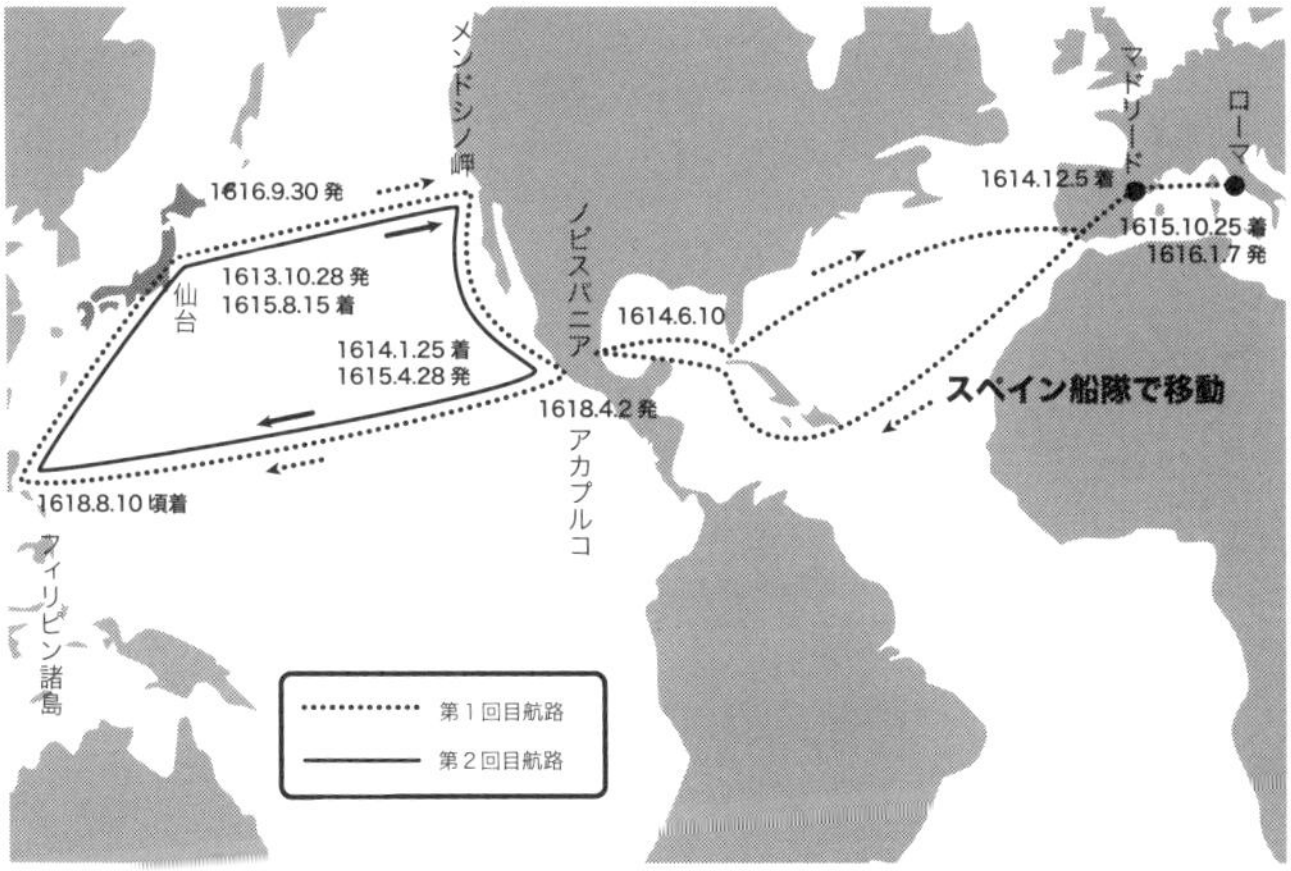

ートを確保したいと考えていました。

１６１３年、常長を乗せた船は家康の許可のもと出航。家康は既にキリシタン禁教令を発布していましたが、メキシコ貿易が実現すれば貿易船を江戸湾に回航させられると考え、使節の派遣を容認しました。ところがスペイン政府は徳川政権の禁教令を問題視し、常長の交渉は失敗に終わりました。使節の派遣は、家康の息子・秀忠に「政宗はスペインと軍事同盟を結ぼうとしたのでは」と疑念を抱かせ、豊臣政権が倒れた後には政宗謀反《むほん》の噂《うわさ》まで流れました。その際、政宗は家臣の意見を押しのけてまで駿府《すんぷ》へ赴き、家康に弁解して謀反の疑念を晴らしました。

秀吉の天下統一戦①　―家康との対立―

誰《だれ》もが驚《おどろ》く勢いで、出世街道を突《つ》き進んできた秀吉。

ですが天下を統一するためには、まだ幾《いく》つか大きないくさをしなければいけませんでした。紀州、四国。加えて九州、関東、奥州の大名たちの中には、秀吉に不服従の姿勢をとる者もいました。そして何をおいてもこの人、徳川家康が臣従していません。家康が「織田家の同盟者」の立場にいる限り、天下統一は果たせないのです。

秀吉が勝家と対立をはじめたとき、家康は中立的立場を取りました。けれども賤ヶ岳の戦いの直前には秀吉に応援《おうえん》の書状を送り、友好的な関係を築こうとしています。

しかしながらその姿勢も、秀吉と織田信雄の決裂《けつれつ》によって急変しました。

秀吉が信雄に対して大坂城への出仕を求めたのです。つまりは信雄を臣下と見なし、こちらまで出向いてこい、という要請《ようせい》です。信雄としては秀吉の主家の当主名代だという意地があり、応じることなど考えられません。信雄は怒《いか》り、家康に相談。その助言に従い、秀吉方についた自らの家老3人を誅殺《ちゅうさつ》します。

この誅殺は秀吉に対する宣戦布告と見なされ、両者の対立は決定的になりました。

そして1584年（天正12年）、3月から11月にかけて、家康・信雄連合軍と秀吉軍は衝《しょう》突《とつ》。尾張の小牧《こまき》・長久手《ながくて》（現在の愛知県小牧市、長久手市）を含《ふく》む広範囲《はんい》で、戦いを繰《く》り広げました。

合戦の詳細《しょうさい》は次章で詳《くわ》しく触《ふ》れますが、家康の戦いぶりは凄《すさ》まじく、用意周到《しゅうとう》に「勝ちの決まったいくさ」をしかける秀吉

秀吉のおもな戦い

が、敗北の危機に追い込《こ》まれるほどでした。

敗軍の将となるのを回避《かいひ》するため、秀吉は10万の兵を引き、和睦《わぼく》の道を探りました。信雄と和解し、家康から「同盟者の織田家を謀反人《むほんにん》秀吉から助ける」という名分を取り上げ、引き分けに持ち込んだのです。

しかし戦いが終わって家康の子を人質に取っても、自身の妹・旭姫《あさひひめ》を徳川家の正室として送り込《こ》んでも、家康は秀吉の上洛要請《じょうらくようせい》に応えず、臣従する姿勢をみせません。秀吉は一計を案じ、2年後の1586年、自らの生母・なか（大政所）を人質に差し出してまで上洛を促《うなが》し、家康はついに応じました。秀吉は家康との臣従関係を、家康に半ば強制的な形で構築したのです。

秀吉の天下統一戦②　―紀州・四国攻め―

1585年（天正13年）3月、小牧・長久手の戦いを終えた秀吉は、紀州攻めに乗り出します。紀州といえば雑賀衆《さいかしゅう》や根来衆《ねごろしゅう》。地侍《じざむらい》や国人、宗教勢力が、中央政権に対抗《たいこう》して自治を続ける国。「農民の共和国」ともいわれ、「紀州惣国一揆《きしゅうそうこくいっき》」として恐《おそ》れられていました。

秀吉は信長から引き継《つ》ぎ、兵農分離《へいのうぶんり》を進めました。それは軍事政策であると同時に、「武士による農民の支配強化」の明言化でもありました。秀吉が天下統一に向けてこの政策を推し進めるためには、紀州の自治集団を否定しなければいけません。

同年4月22日、秀吉軍は雑賀衆の最後の拠点《きょてん》である太田城《おおたじょう》（和歌山県和歌山市）を水攻めにして圧伏《あっぷく》。紀州を平定しました。

紀州攻めと同じ1585年（天正13年）の夏、秀吉は四国攻めに乗り出しました。

四国では春ごろに、長宗我部元親《ちょうそかべもとちか》が土佐《とさ》（現在の高知県）・阿波《あわ》（現在の徳島県）・讃岐《さぬき》（現在の香川

そのころ、世界では？

1582年ガリレオが振《ふ》り子の等時性を発見

イタリアの物理学者、天文学者のガリレオ・ガリレイが、同じ長さの振り子がゆれる周期は振り子の重さや振れ幅《はば》にかかわらず一定になること（振り子の等時性）を発見しました。その後、この法則を用いて、振り子時計の仕組みを発明しました。

県）・伊予の四国制圧を成しとげており、秀吉はこのままにはしておけないと遠征を決行したのです。

当初元親は和睦《わぼく》で応じようとしましたが、伊予・讃岐の2国を渡《わた》せという秀吉に対して、1国のみを主張し、結局は決裂《けつれつ》。秀吉軍は総勢10万から12万の大軍で四国に攻めかかります。軍勢は、元親の想定を超《こ》えて阿波・讃岐・伊予の3方面から押《お》し寄せ、長宗我部軍は各地で敗れました。元親は徹底抗戦《てっていこうせん》の構えをみせましたが、重臣たちに説得され、最終的には降伏《こうふく》。四国も秀吉の支配下となりました。

残るは、九州、関東、東北です。

秀吉の天下統一戦③　―九州攻め―

紀州と四国を攻めたこの年、秀吉は関白《かんぱく》に就任します。関白という位を得たことで、自身の発案を天皇《てんのう》の命令とすることが可能になり、第一章でも触《ふ》れた「惣無事令《そうぶじれい》」を発令しました。これにより大名同士の戦争は勝手な「私戦」として禁止され、関東・東北から九州まで、「天下静謐《せいひつ》」（無事＝平和）であることが命じられます。

この関白任官をもって秀吉と大名たちは、武士の主従を超《こ》え、朝廷とその出仕人という関係になりました。秀吉はもはや「織田家の家臣」ではありません。清洲会議や小牧・長久手の戦いの際の「主家を簒奪《さんだつ》する謀反人《むほんにん》」と見なされかねない、逆転の懸念《けねん》もなくなりました。同時に寺社権門も支配下におさめ、宗教一揆《いっき》の不安も消えました。

しかも惣無事令は、領国を大名のものではなく国家のものと見なしているため、秀吉は領地を新たに与える新封《しんぽう》、加えて増やす加増、一部を削減する減封《げんぽう》、別の場所に移す転封《てんぽう》、没収する改易《かいえき》など国分けを、公的に実行できる立場となりました。つまりは国政を総覧する臣下最高の職として、関白の位に「領境の決定権」があるとし、戦国の領土拡張戦の抑止力《よくしりょく》として利用したのです。

抑止力は同時に、その違反者《いはんしゃ》を取り締《し》まる大義名分にもなります。従わない者は、朝廷《ちょうてい》に背く国賊《こくぞく》と見なすことができるからです。

次の九州攻めは、その名分のもとに行われました。

そのころ九州では、名門武家の島津《しまづ》氏が、ともに三大勢力を成していた大友《おおとも》氏と龍造《りゅうぞう》寺《じ》氏を痛めつけ、一人勝ちの状態を続けていました。長宗我部氏が四国を制覇《せいは》したときと同じく、九州全土を席巻する勢いだったのです。

秀吉は島津氏と大友氏に対して、九州での私戦を禁止する惣無事令《そうぶじれい》を下します。大友家の長・大友宗麟《そうりん》は、すでに劣勢《れっせい》となっていたため、秀吉の命令に従いました。ところが優勢だった島津家の当主・義久《よしひさ》の方は、命令を聞き入れようとしません。秀吉は大友《おおとも》氏から切り取った肥後半国・豊前《ぶぜん》（現在の福岡県東部、大分県北部）半国と筑後《ちくご》（現在の福岡県南部）を戻《もど》せと迫《せま》っても、義久は拒否《きょひ》。それどころか大友氏の所領にまた攻め入り、領土拡張戦を続けました。

惣無事令の違反者《いはんしゃ》への制裁は、侵略行為《しんりゃくこうい》ではなく「正義」です。

そのころ、世界では？

1588年スペインの無敵艦隊《かんたい》がイギリス海軍に敗れる

大航海時代の技術を結晶《けっしょう》させたスペインの艦隊はイギリスに無敵艦隊と称《しょう》されましたが、イギリス制圧に向かった際、敵艦に兵士が乗り移る戦術を見抜かれ、敵艦からの砲撃《ほうげき》を受け、慣れない海域で暴風雨に遭《あ》い、その多くが沈没《ちんぼつ》しました。

秀吉は正義の立場から、九州制圧を決定しました。もはや異を唱えられる者はいません。まずは毛利輝元《てるもと》・吉川元春《もとはる》・小早川隆景《こばやかわたかかげ》など中国勢のほか、仙石秀久《せんごくひでひさ》・長宗我部元親・十河存保《そごうまさやす》ら四国勢を送り込《こ》みました。

しかし仙石秀久をリーダーとした四国勢は、編成から日も浅く結束力がありませんでした。元親に至っては、秀吉の軍門に降ったばかり。彼らは守りの場面で攻めに出て、あえなく敗走します。1586年のことでした。攻勢《こうせい》に出るべく川を渡《わた》ったところを、身を潜《ひそ》めていた島津軍に反撃《はんげき》されたのです。この「戸次川《へつぎがわ》の戦い」（大分県大分市）における大敗北を受けて、いよいよ秀吉の出番となりました。

1587年（天正15年）の3月、秀吉は大坂から出陣《しゆつじん》。20万以上の大軍で島津に迫《せま》り、徹底抗戦《てつていこうせん》に出た義久も、やがて敗戦を覚悟《かくご》します。

4月、豊臣秀次《ひでつぐ》の軍勢が日向根白坂《ひゆうがねじろさか》（宮崎県児湯郡）の戦いに勝ち、九州勢は完全に戦意を喪失《そうしつ》。この戦いが、島津軍による組織的抵抗《ていこう》の最後となり、当主の義久は剃髪《ていはつ》、秀吉に降伏《こうふく》しました。

秀吉の天下統一戦④　―小田原攻め―

　1590年（天正18年）、秀吉は九州攻めのときと同じく、惣無事令の違反者《いはんしゃ》を征伐《せいばつ》するという名目で、北条《ほうじょう》氏の領国、関東・小田原（神奈川県小田原市）に攻め込《こ》みます。北条氏は以前に、敵対する家康と講和を結び、家康の二女・督姫《とくひめ》を北条氏当主・氏直《うじなお》の正室に迎《むか》えていました。そのため家康は娘《むすめ》の婚家《こんか》である北条氏に、秀吉への服従を促《うなが》し、必死に説得。しかしながら彼らは、関東への惣無事令を無視したうえに、徳川配下真田《さなだ》領の城を奪取《だつしゅ》。決戦は避《さ》けられないものとなりました。

　京都を出立した秀吉は、同年4月から、合わせて20万を超《こ》える大軍で小田原城《おだわらじょう》（神奈川県小田原市）を包囲し、得意の城攻めを展開しました。しかし相手は堅牢《けんろう》な小田原城。秀吉は、20万の軍勢をもってしても容易に落とせないと考え、小田原城を見おろす山に石垣《いしがき》を積み、本格的な城を造り上げました。

　本陣《ほんじん》となったこの城は、短期間で築かれたため「太閤《たいこう》の石垣《いしがき》山一夜城」などと呼ばれています。秀吉はそのやぐらや堀《ほり》に和紙を貼《は》らせ、白壁《しらかべ》のように見せたといいます。

「張りぼての城」ですが、遠目には立派な白壁の城。敵の戦意を喪失《そうしつ》させるには充分《じゅうぶん》な効果を発揮しました。第一章でも触《ふ》れましたが、秀吉はこの城で茶会や酒《しゅ》宴《えん》を催《もよお》し、権勢を見せつけています。

北条氏としては戦いの当初、同盟を組む奥州《おうしゅう》（現在の青森県、岩手県、宮城県、福島県、秋田県東北部）・伊達政宗《だてまさむね》の救《きゅう》援《えん》や、家康の寝返《ねがえ》りも期待して、多少なりとも勝算があったはずです。多くの支城を抱《かか》え、地の利もあり、不落の小田原城に籠《こ》もれば、劣勢《れっせい》に陥《おちい》ってもやり過ごせると思ったのでしょう。ですが兵農分《へいのうぶん》離《り》で長期戦を可能にし、天下を差配する

小田原城攻め

関白の職権を得た秀吉と、土地に根付いた地侍だのみで、領国支配を専《もっぱ》らとする北条氏では、勝負になる時代ではありませんでした。

7月5日、北条氏は降伏《こうふく》。北条氏に仕えた地侍たちも、それぞれの道を歩みました。

小田原攻めの軍功を評価された家康は、戦後、北条氏の全遺領を与《あた》えられました。しかしその決定は同時に、本拠地《ほんきょち》三河など徳川領の没収《ぼっしゅう》を意味したため、大加増ではあっても実質的な左遷《させん》でした。しかしながら家康は、不満を述べる家臣をなだめ、やがては天下を取ると明言。秀吉の指示通り、関東に移り住みました。

秀吉の天下統一戦⑤ —奥州仕置—

北条氏降伏《こうふく》後、秀吉は宇都宮城（栃木県宇都宮市）で、奥羽《おうう》（現在の東北地方）諸大名に対する「仕置」、すなわち領土の分割と再分配を行っています。

北条氏と同盟関係にあった奥羽の大名・伊達政宗《だてまさむね》は、小田原攻めの1590年はじめから、秀吉の有力家臣たちに従属を促《うなが》されていました。しかし決断が遅《おく》れたためか、戦いに遅参《ちさん》。政宗はそもそも秀吉の支配を受け入れる姿勢を見せながら、奥州に発令された惣無事令に違反《いはん》しており、秀吉はその咎《とが》を加えたうえで、政宗の減封《げんぽう》を処断しました。同様に諸大名にも領国の再分配を実行。抵抗《ていこう》の動きもありましたが、最終的には東北地方を平定し、念願の天下統一を果たしました。

唐《から》入り、武はあれど徳はなし ―文禄《ぶんろく》・慶長《けいちょう》の役―

関白《かんぱく》、続いて太政大臣《だじょうだいじん》の位を得て、姓《せい》も豊臣と改めた秀吉は、九州・関東・東北を平定し、名実ともに天下人となりました。しかしその勢いはおさまるところを知らず、秀吉は海外の中国《ちゅうごく》・朝鮮《ちょうせん》の侵略《しんりゃく》戦争に乗り出します。

1585年、秀吉は家臣の一柳末安《ひとつやなぎすえやす》に宛《あ》てた印判状で、大陸の侵攻《しんこう》計画について記しています。また小田原攻めの4年前、大坂城《おおさかじょう》（大阪府大阪市）を来訪した日本イエズス会の副管区長、ガスパール・コエリョら30人の前で、秀吉は朝鮮出兵に対する考えを公的に明言しています。その内容は「天下統一を果たしたら、日本を弟の秀長《ひでなが》に譲《ゆず》り、自分は中国と朝鮮を征服《せいふく》することに専念したい」というものでした。

このように、秀吉は以前から大陸侵攻《しんこう》の構想をもっていました。その計画は、天下統一の最終段階に入ったころ、現実味を帯びていったのです。

九州攻めを終えた後、秀吉は対馬《つしま》の宗《そう》氏を通じて朝鮮王朝《おうちょう》の「国主」に、京都への出仕を要《よう》請《せい》しました。けれども宗氏は秀吉の突拍子《とっぴょうし》もない計画を阻止《そし》しようと、指示に従わず、実際には朝鮮に使節を出しませんでした。秀吉は期待した成果を得られず、その侵略《しんりゃく》欲求は次第に肥大化していきました。

秀吉は関白《かんぱく》職を甥《おい》の秀次に譲《ゆず》ると、侵略「唐《から》

入り」に専念する体制に入ります。それまで進めていた大仏殿《だいぶつでん》の工事を中止させ、その資材と労力を渡海《とかい》のための軍艦《ぐんかん》建造に投入。諸大名に向けて、朝鮮から明《みん》への進軍を通達し、出陣《しゅつじん》を命令。侵略戦に動員できる農民を把握《はあく》するため、人口調査も行っています。

秀吉が差し向けた日本軍は約15万9000人となりました。

1592年（文禄《ぶんろく》元年）の4月13日、先鋒《せんぽう》の小西行長《こにしゆきなが》らの軍勢が釜山城《ふざんじょう》（大韓民国釜山広域市）を囲むと、それを皮切りに豊臣政権の大陸侵攻《しんこう》「文禄の役」がはじまりました。

日本軍ははじめこそ優勢を維持《いじ》しましたが、戦場をあまりに広げたこと、兵糧《ひょうろう》が乏《とぼ》しくなったこと、また朝鮮の民衆が抗戦《こうせん》しはじめたことで、早くも窮地《きゅうち》に陥《おちい》りました。和《わ》睦交渉《ぼくこうしょう》も同時に進められていましたが難航し、極寒の進軍で困難を極めます。

年が明けると補給路も断たれ、義兵が決起し、戦局はますます混迷。

秀吉は使節に7つの条件を示し、再び和睦をはかりました。しかし、その内容は明の皇女を日本の天皇の妃《きさき》に迎《むか》える、朝鮮の王子を人質とする、などという内容で、現実的ではありませんでした。交渉《こうしょう》は小西行長らに任せられ、いくさはおのずと休戦状態になりました。

秀吉の軍勢はこの戦いで、数々の非道を行いました。文禄の役では朝鮮の日本化政策を行い、日本の習俗《しゅうぞく》を強制しています。捕虜《ほりょ》に対し、日本名への改姓《かいせい》を強制する大名もいました。

1597年、交渉《こうしょう》が決裂《けつれつ》し再派兵となった「慶長の役」はさらに酷《ひど》く、彼らは暴虐《ぼうぎゃく》の限りを尽《つ》くしています。

たとえば耳切り、そして鼻切り。

医僧《そう》として従軍した僧侶の日記には、朝鮮人大量虐殺《ぎゃくさつ》の様子が詳細《しょうさい》に描《えが》かれています。

秀吉の軍勢は、戦闘員《せんとういん》である敵兵だけではなく、非戦闘員の女性・子ども、赤子を含《ふく》めた一般《いっぱん》の人々までも虐殺《ぎゃくさつ》しながら進軍。というのも、はじめ彼らは軍功の証として、討ち取った相手の首を切り取り日本に送っていましたが、遠距離《きょり》の土地から送りつけるには、首では重くかさばるので、代わりに耳や鼻を敵を討ち取った証として送り、恩賞のための証拠《しょうこ》の品としていたのです。

首であれば討ち取った相手が戦闘員か非戦闘員かは一目瞭然《いちもくりょうぜん》ですが、耳と鼻では見分けがつきません。つまりは民衆に襲《おそ》いかかれば戦いの労なくして、証拠の品を手に入れることができる。諸将は朝鮮人の耳切り、鼻切りに狂奔《きょうほん》しました。

そうして切り取った耳や鼻は、１つの樽《たる》に大量に詰《つ》め込《こ》み、塩漬《しおづ》けや酢漬《すづ》けにして、秀吉のもとに送られました。現在の京都府京都市には、その耳や鼻を埋めたと言われる跡地に供養のための「耳塚」があります。耳切りや鼻切りは、文禄の役の際も行われましたが、慶長の役で激化しています。

地獄《じごく》絵図は日本軍が劣勢《れっせい》に陥《おちい》るまで続きました。その後秀吉の軍勢は、明の大軍４万４０００に包囲され、極寒のなか兵糧《ひょうろう》も水も断たれ、毛利の救援《きゅうえん》が来るまで、苦戦に耐《た》えました。

しかしその最中、１５９８年（慶長３年）。

そのころ、世界では？

1589年アンリ4世がブルボン王朝を開く

ユグノー戦争最中のフランスで、ヴァロワ朝が途絶え、ヴァロワ家の血縁であるブルボン家のアンリが、アンリ４世として王朝を開きました。その後、新教徒であるアンリ４世を国王と認めない旧教派が別に国王を立て、フランスは分裂しました。

秀吉は盛大な花見の宴《うたげ》を催《もよお》してから病に倒《たお》れ、寝《ね》たきりの状態となりました。

ついには8月18日、62歳《さい》で絶命。

その死をもって、大陸侵攻《しんこう》も終息します。

後年、徳川幕府はこの朝鮮侵略《しんりゃく》を「人々が、ようやく平安な生活を迎《むか》えたところ、また遠征《えんせい》を思い立ち、私欲を異国にまで及《およ》ぼそうとした」、「秀吉は百戦百勝の武略があるものの、徳がないため、ついに百万の兵を異賊《いぞく》の矢刃《しじん》に悩《なや》ませることになった」と厳しく断じています。

その通り、秀吉が行ったこの大陸侵攻に「徳」はなく、これまで彼が掲げてきた、誰もが承服するしかない大義名分もありません。利益も生み出さず、それどころか臣下の分断につながり、後の関ヶ原《せきがはら》（岐阜県不破郡）の戦いを誘発《ゆうはつ》しています。

もちろん秀吉という存在がなければ「いつ私戦が起こるか分からない、いくさばかりの乱世」の終焉《しゅうえん》まで、社会はより時間を要したことでしょう。

惣無事令は画期的な平和令といえます。秀吉は太閤《たいこう》検地で社会の基盤《きばん》を整え、刀狩《かたなが》りで無用な殺生《さつしょう》をなくした、ともいえます。バテレン追放令では奴隷《どれい》貿易を防ぎ、海賊《かいぞく》取締令《とりしまりれい》は海の平和を実現したと捉《とら》えられます。

ただ、この「文禄・慶長の役」の実行は、そういった秀吉の「平和主義」を覆《くつがえ》し、彼が行ったすべての政策の、二面性を浮《う》かび上がらせる力をもっています。もちろん、この大陸侵攻の理由を、「国内からいくさが消失したので恩賞の機会を海外に求めた、そうしなければ臣下を抑《おさ》え続けられなかった」とする説もあります。

ただ、秀吉は晩年に自らを日輪の子、または落胤《らくいん》であると流布し、存命中から自らを神格化しています。その視点からすると、惣無事令による私戦の禁止や刀狩り令は、下《げ》剋上《こくじょう》の芽をつみ、2人目の秀吉の出現を阻止《そし》するという狙《ねら》いがみられ、バテレン追放令には自分以外の神を認めないという、秀吉の恐怖《きょうふ》とプライドが感じられます。

秀吉は、庶民《しょみん》から統治者となった、社会の残酷《ざんこく》な面をよく知る天下人でした。時代の聖と俗《ぞく》、人間の善と悪を知り尽《つ》くしたから人物だからこそ、その人生の光と影《かげ》もまた、色濃《いろこ》くなったのかもしれません。

秀吉を支えた頭脳派武将

石田三成

Mitsunari Ishida

1560～1600

豊臣政権の裏方を取り仕切る

近江《おうみ》の地侍《じさむらい》の家に生まれた三成は、長浜城主時代の秀吉に見出されました。預けられていた寺に秀吉が立ち寄った際、温度を変えて茶を3度出し、幼いながらも感心な心遣《づか》いを見せたという逸話《いつわ》が有名です。三成は事務処理能力に秀《ひい》でた人物で、豊臣政権の行政的な参謀《さんぼう》として頭角を現しました。九州攻めでは武器や兵糧《ひょうろう》の調達、将兵の動員など輸送面で活躍《かつやく》しています。島津氏との交渉役も、三成が務めました。

小田原攻めでは秀吉にならって水攻めを行い、忍城《おしじょう》の攻略《こうりゃく》に貢献《こうけん》。太閤《たいこう》検地でも、奉行《ぶぎょう》として手腕《しゅわん》を発揮。大陸侵攻《しんこう》では渡海後、将兵の監察《かんさつ》などの任務にあたりました。しかしながら後方支援的な仕事の性質上、第一線で命を張って戦う武将たちと衝突《しょうとつ》が絶えず、戦後の処遇《しょぐう》を巡《めぐ》って武功派の大名と対立。そうした豊臣家中の分断が、「関ヶ原の戦い」に発展します。

第四章

徳川家康

ようやく鳴いたホトトギス ―五《ご》大《たい》老《ろう》・五《ご》奉《ぶ》行《ぎょう》制―

秀吉《ひでよし》の死後、豊臣《とよとみ》政権の運営は、いわゆる「五大老・五奉行制」に委ねられました。五大老・五奉行制とは、秀吉の最晩年に整えられた政権の最高機関。有力大名の合議によって重要方針を決めるという制度でした。政策を立てる大老に、徳川家康《とくがわいえやす》・宇喜多《うきた》秀家《ひでいえ》・上杉景勝《うえすぎかげかつ》・前田利家《まえだとしいえ》・毛利輝元《もうりてるもと》の5人。彼らを補佐《ほさ》し、それを実務面で支える五奉行に、前田玄以《まえだげんい》・浅野長政《あさのながまさ》・石田三成《いしだみつなり》・増田長盛《ましたながもり》・長束正家《なつかまさいえ》が任命されました。

秀吉は生前、武家内の勝手な婚姻《こんいん》や対立、同盟を禁じ、五大老・五奉行に統制を求めています。さらには臨終の際、自らの遺児・秀頼《ひでより》（5歳《さい》）を盛り立てるよう彼らに命じ、家康には伏見城《ふしみじょう》（京都府京都市）での政務、利家には大坂城《おおさかじょう》（大阪府大阪市）での秀頼後見役を願いました。そうした要求は、彼ら2人の大老に後事をすべて託《たく》すという遺言として、死後も影響《えいきょう》を残しました。政務を任された家康は政治を主導する立場となり、ますます権力を強めていきます。

そのような状況《じょうきょう》で問題となったのが、家康の私的な婚姻《こんいん》計画でした。自らの子に伊達《だて》政宗《まさむね》の長女を娶《めと》り、福島正則《ふくしままさのり》など有力大名の子息に養女を嫁《とつ》がせるという約束を交わしたのです。とうぜん秀吉の遺言に背く行為とされ、家康を除く四大老・五奉行が抗《こう》議《ぎ》する事態に発展しました。この家康の行動は、反勢力の警戒《けいかい》を強めるには充分《じゅうぶん》な出来事でした。

　秀吉としては「五大老・五奉行制」で権力を分散し、相互監視させ、力をもって豊臣家の地位と血脈を守り、社会を安定させる作戦だったと思われます。しかし、下《げ》剋上《こくじょう》の空気が残る戦国末期の社会には、いまだ早すぎる試みだったといえます。家康は秀吉の死後を見通して動き、他のメンバ

五大老・五奉行制

（　）は領地。単位は万石

五大老

徳川家康	(256)
毛利輝元	(112)
上杉景勝	(120)
前田利家	(83)
宇喜多秀家	(57)
(小早川隆景＊)	

＊死後五大老と呼ばれた

五奉行

浅野長政	(22)	検地や司法
増田長盛	(22)	土木
石田三成	(19)	行政
長束正家	(5)	財政
前田玄以	(5)	朝廷や寺社

ーでは制御《せいぎょ》できないカリスマ性を獲得していきました。

当時、そのような家康の進出をもっとも危険視し反発した人物が石田三成でした。

豊臣政権における官僚派の三成は、2度の朝鮮《ちょうせん》侵略《しんりゃく》を通じて、加藤清正《かとうきよまさ》・黒田長政《くろだながまさ》・藤堂高虎《とうどうたかとら》ら武功派大名と対立していました。「惣無事令《そうぶじれい》」で「平和」な社会を実現した秀吉でしたが、大陸侵攻《しんこう》という晩年の失政が、家臣の分断を招いたのです。

豊臣家臣団の内部抗争《こうそう》に関わることで、家康は豊臣政権を弱体化させていきます。ようやく実現した「平和」な社会に、最後の混乱が訪れようとしていました。その契機《けいき》の1つが、五大老の1人、前田利家の死です。

1538年に生まれた利家は、信長《のぶなが》の近習《きんじゅ》となり、親衛隊の1人として名を馳《は》せた人物でした。「槍《やり》の又《また》

そのころ、世界では？

1598年フランスのアンリ4世がナントの王令

フランスで起きた新教派と旧教派の内戦、ユグノー戦争で、旧教派はカトリック（旧教）に改宗することを条件にアンリ４世を国王と認めました。アンリ４世はプロテスタント（新教）の信仰《しんこう》を部分的に認めるナントの王令を出し、戦争は終結しました。

左《ざ》」の異名で知られる、武芸の達人です。賤ヶ岳《しずがたけ》（滋賀県長浜市）の戦いでは勝家を見限り、撤退《てったい》を決行。それが秀吉の勝因となり、ついには金沢城《かなざわじょう》（石川県金沢市）を与《あた》えられています。秀吉の死後は秀頼の後見人として政権の中核《ちゅうかく》を成し、利家は各大名の仲《ちゅう》介役《かいやく》として武家の調和を保ってきました。

その地位や経済力を考えると、晩年の利家は、天下取りも不可能ではない状況《じょうきょう》にあったといえます。しかし青年期に茶坊主《ちゃぼうず》を殺すという不祥事《ふしょうじ》を起こし、追放という憂《う》き目にあった経験からか野心を見せず、おそらくはそのために人望を集めた人でした。

１５９９年（慶長《けいちょう》４年）、その利家が病に倒《たお》れると、武功派は抑《おさ》えていた怒《いか》りを露《あら》わにし、三成は立場を追われてしまいます。前田利家と石田三成という重要人物が消えたことは、家康にとって大きなチャンスとなり、彼は政治的立場をさらに強くしました。

なかぬなら鳴くまで待よ郭公《ほととぎす》。

江戸時代後期の随筆《ずいひつ》「甲子夜話《かっしやわ》」に所収されているこの句の通り、信長と秀吉が過ぎ去る時を、待ち続けたかのような徳川家康。

その家康の天下が、ようやく訪れようとしていました。

家康公の履歴書《りれきしょ》 —小牧《こまき》・長久手《ながくて》の戦い—

伝承によると、松平《まつだいら》家の初代は徳阿弥《とくあみ》という時宗《じしゅう》の僧侶《そうりょ》だといいます。家康は、1542年に岡崎城《おかざきじょう》（愛知県岡崎市）内で誕生しました。幼名を竹千代《たけちよ》といいます。

三河《みかわ》（現在の愛知県東部）は、駿河《するが》（現在の静岡県中部、北東部）の今川《いまがわ》氏と尾張《おわり》（現在の愛知県西部）の織田《おだ》氏に挟《はさ》まれており、父母は両氏の対立関係に翻弄《ほんろう》され、離《り》縁《えん》しています。織田氏への対抗策《たいこうさく》として、父・広忠が今川家に支援《しえん》を求めると、当主の義元《よしもと》は人質として竹千代を要求。ところが竹千代は義元のいる駿府《すんぷ》（現在の静岡県静岡市）へ送られる際、親族の裏切りで尾張の織田方へ送られてしまいます。

松平家の嫡子《ちゃくし》を手に入れた織田家当主の信秀《のぶひで》は、広忠《ひろただ》に帰属を迫《せま》りましたが、交渉《こうしょう》は決裂《けつれつ》。竹千代はそのまま尾張に留め置かれました。その後、今川方が信秀の子息を捕虜《ほりょ》にしたことで人質交換《こうかん》の条件が成立し、竹千代は7歳《さい》の年に岡崎城へ戻《もど》されています。

しかし、彼はすぐにまた駿府へと送られ、14歳で元服すると、あらためて今川氏配下の武将となりました。1560年には桶狭間《おけはざま》（愛知県名古屋市）の戦いを経て、敗者・

今川氏を見限り、2年後の20歳の年には、松平家の当主として信長と同盟関係を結びました。義元の「元」の字を捨て「家康」と改め、今川氏との臣従関係を終えたのです。

その後、28歳で姉川《あねがわ》（滋賀県長浜市）の戦いに出陣。いくさの勝因は「徳川殿の武威《ぶい》による所なり」と、信長に激賞されました。

30歳の年には、三方ヶ原《みかたがはら》（静岡県浜松市）の戦いの指揮を執《と》りましたが大敗。しかし、徳川軍の武士の屍《しかばね》が、「武田軍に向かっている者は地に伏せ、浜松城に向かっている者は仰向け」に、つまり逃げて殺された者は皆無で、向かい傷の死者ばかりだったことから、勝者の武田信玄《たけだしんげん》をして「勝てもおそるべきは浜松《はままつ》の敵なり」と言わしめました。

33歳の年には長篠《ながしの》（愛知県新城市）の戦いに参戦。信玄の子、勝頼《かつより》を敗走させました。勝頼は「三河には信康《のぶやす》といふ小冠者《こかんじゃ》のしゃれもの出来り」と家康の子を評価しています。

こうして「徳川実紀《とくがわじつき》」でいうところの3つの大戦、つまりは「中世的権威《けんい》・権力の中《ちゅう》核《かく》にあった足利義昭《あしかがよしあき》を信長と共に倒《たお》した戦い」を経て、家康は秀吉との決戦を迎《むか》えます。1584年に行われた第4の大戦「小牧・長久手の戦い」です。

家康は、同盟相手の織田家当主、信雄《のぶかつ》の要請《ようせい》に応える形で、秀吉軍を相手にします。

秀吉軍10万の兵に対し、信雄・家康連合軍は1万から3万。かなりの兵力差でしたが、家康は関東の北条氏《ほうじょう》と同盟を結び、四国の長宗我部《ちょうそかべ》氏、紀伊《きい》（現在の和歌山県、三重県南部）の雑賀《さいか》・根来衆《ねごろしゅう》を引き入れ、できる限りの構えをみせています。

同年の3月17日、尾張と美濃《みの》（現在の岐阜県南部）の境の近く、羽黒（愛知県犬山市）まで進出した森長可《もりながよし》隊と池田《いけだ》恒興《つねおき》隊が離《はな》れたところを、家康方の酒井《さかい》忠次《ただつぐ》らが攻《せ》めかかって勝利。武勇で知られ、鬼武蔵《おにむさし》とまでいわれた長可にとって、この敗北はたいへんな不名誉《ふめいよ》でした。そこで汚名《おめい》返上を狙《ねら》った長可は、4月9日、恒興ら別働隊が敵地三河に侵攻《しんこう》するという奇策《きさく》に参加します。

けれども家康は、この動きを察知して小牧山《こまきやま》（愛知県小牧市）を出立。三河へ向かう敵勢と長久手《ながくて》（愛知県長久手市）で交戦。長可を銃殺《じゅうさつ》し、恒興も討ち取りました。

一連の戦いは結局、秀吉によって和睦交渉《わぼくこうしょう》に切り替《か》えられ、引き分けに終わります。しかし家康は、秀吉に自分という最強のライバルが存在することを、秀吉本人に向けても、全国に向けても、あらためて認識させる結果となりました。

このとき彼は42歳。やがて豊臣家に従属し、時が流れて秀吉も没し、60歳を目前にしたところ、家康は第5の大戦とされる「関ヶ原《せきがはら》の戦い」を迎《むか》えます。

直江状《なおえじょう》の謎《なぞ》 ―大合戦の発端《ほったん》―

関ヶ原の戦いを指揮した人物といえば石田三成。前述の通り、豊臣方でもっとも家康を危険視していた人物です。三成は、本拠地《ほんきょち》の佐和山城《さわやまじょう》（滋賀県彦根市）で隠遁《いんとん》生活を強いられたものの、逆襲《ぎゃくしゅう》の機会を待ち続けていました。

同じころ、家康は秀吉の遺言に従い、伏見城へ入城。根回しを重ね、大坂城内部の味方を増やし、秀吉の正室だった高台院《こうだいいん》が居を移すと、家康は大坂城に移り住んでいます。秀吉から申し渡《わた》された「伏見で政務にあたれ」という条項《じょうこう》など、はじめからなかったように、豊臣の権威《けんい》を自らの権勢に取り込《こ》んだのです。

五大老のうち、利家はもういません。家康を牽制《けんせい》できる立場にあるのは、宇喜多秀家と毛利輝元、そして上杉景勝の3人でした。

1555年に生まれた景勝は、上杉謙信《けんしん》の姉の子息。彼は跡継《あとつ》ぎのいなかった謙信に、養子として迎《むか》えられました。謙信亡き後の景勝は、同じく養子に入っていた景虎《かげとら》と、後継者《こうけいしゃ》の座を巡《めぐ》って熾《し》烈《れつ》な戦いを展開。1578年（天正6年）、景勝は謙信の遺金を押《お》さえるなどしてその跡目《あとめ》争い「御館《おたて》の乱」に勝利しました。信長とは敵対し続けましたが、秀吉の時代になると景勝は、天下統一事業に協力し、会津《あいづ》（福島県西部）への領地替《が》えを受け入れて、若松城《わかまつじょう》（福島県会津若松市）を与《あた》えられています。

彼はこの転封《てんぽう》における加増を、領地安定のための軍備強化につぎ込《こ》みました。しかしそうした行為《こうい》が家康に付け入られる隙《すき》となってしまったのです。家康は謀《む》反《ほん》を疑い、下国していた景勝に上洛《じょうらく》を求めました。

この要請《ようせい》に、激しく反発したのが、「愛」字の兜《かぶと》で知られる直江兼続《なおえかねつぐ》。彼は、5歳で景勝の近習となり、

そのころ、世界では？

1600年イギリス東インド会社設立

テューダー朝のエリザベス１世は、ロンドン商人によって組織されたイギリス東インド会社を法人とする特許を出しました。彼らは東アジア各地に置かれた商館を拠点《きょてん》とし、現地の特産品をヨーロッパに運び込《こ》むなどの独占貿易を行いました。

軍事・政治どちらも卓越《たくえつ》した名将で、三成とは懇意《こんい》の間柄《あいだがら》でした。

1600年（慶長《けいちょう》5年）の4月、兼続はいわゆる「直江状《なおえじょう》」を記して、家康の上洛要請《ようせい》を断りました。内容は、謀反《むほん》の嫌疑《けんぎ》に対する反論を、非難の口調で厳しく断じたもの。

これに激怒《げきど》した家康が畿内《きない》（京に近い国々。おもに京都府、大阪府、兵庫県、奈良県）を離《はな》れ、その隙《すき》に三成が挙兵したとあって、直江状はよく、関ヶ原《せきがはら》（岐阜県不破郡）戦の発端《ほったん》として語られます。

しかしながら一連の動きについては諸説あり、見ようによっては「秀頼の政権を守りたい三成が、直江状作成に関与《かんよ》して、家康を怒《おこ》らせ江戸《えど》へ追い出した」とも考えられます。他方、「三成方武将の掌握《しょうあく》を目指した家康が、そのために決戦を誘発《ゆうはつ》しようと、上杉を刺激《しげき》し、畿内を離《はな》れる理由に仕立てた」とみることもできるのです。

上杉攻撃を決意した家康は、江戸城《えどじょう》（東京都千代田区）に諸将を集めて軍規を定め、会津に出陣《しゅつじん》しました。

三成は家康が去った畿内で挙兵、事態は天下分け目の合戦に拡大します。

column 6

ポルトガル船と戦った毛利水軍

安芸の領主から、戦国随一の大水軍を率いる武将へ

毛利氏は鎌倉時代以来の名門ですが、安芸《あき》（広島県）の国人領主の1人にすぎませんでした。しかし1523年に毛利元就《もとなり》が家督《かとく》を継いで12代当主となってからは、属していた周防《すおう》（山口県東部）の大内氏と出雲《いずも》（島根県東部）の尼子《あまご》氏を滅《ほろ》ぼして、中国地方全域を支配する大大名に急成長。元就が二男・元《もと》春《はる》と三男・隆景《たかかげ》を、それぞれ安芸の吉川氏と小早川氏に養子として送り込《こ》み、名家を吸収したことも勢力拡大の一因でした。

また、毛利氏は勢力拡大に水軍の力を利用しました。隆景が跡《あと》を継《つ》いだ小早川氏は強力な水軍を有していました。その小早川水軍と、毛利氏が大内氏従属時代に戦功で手に入れた河ノ内水軍の両軍を中核《ちゅうかく》として、さらには瀬戸内海の戦闘《せんとう》自治集団、三島（因島・能島・来島）の村上水軍も加わり、毛利水軍は

毛利氏の年代別勢力図

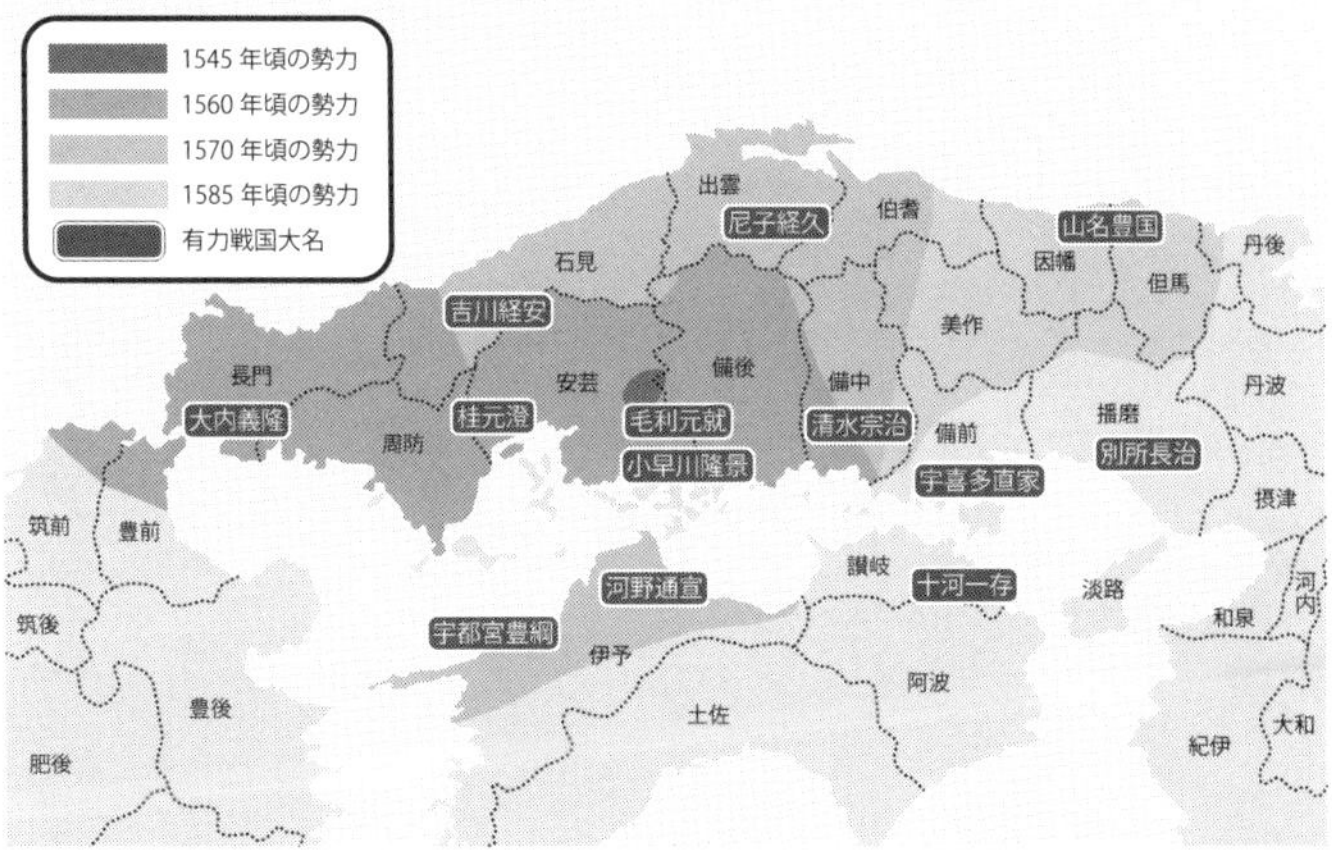

戦国時代随一《ずいいち》の大水軍になりました。

元就は九州進出も目指しました。九州北部に侵入《しんにゅう》し、豊前の門司城（福岡県）を拠点《きょてん》に豊後（大分県）の大友氏と衝突《しょうとつ》。最終的には和睦《わぼく》を結びましたが、1561年の戦いでは、大友軍は豊後の中心地・府内（大分市）に停泊していたポルトガル船に、門司城へ向けて大砲《たいほう》を撃《う》たせています。しかし毛利軍は圧倒的な水軍力でこの激戦に勝利しました。

毛利水軍は元就の没後《ぼつご》も活躍《かつやく》し、1576年の第1次木津川口（大阪湾）合戦では、海上封鎖や兵糧《ひょうろう》補給で本願寺を助け、織田軍を撃破《げきは》。続く第2次戦で織田軍の巨大な鉄《てつ》甲船《こうせん》に破れるまでその名を轟《とどろ》かせました。

天下分け目の大合戦 ―関ヶ原の戦い―

打倒《だとう》家康を掲《かか》げた三成は、着々と西国大名を軍勢に引き入れ、東の家康勢に対する勢力を形勢していきました。

三成とともにその要となったのが、越前《えちぜん》（現在の福井県北部）敦賀《つるが》城主・大谷吉継《おおたによしつぐ》です。

1559年に生まれた吉継は、秀吉と遠戚《えんせき》関係にあったとみられ、1570年代には家中で仕え始めたといわれています。三成とは旧知の間柄《あいだがら》で、2人は親友同士でした。大陸侵攻《しんこう》の折には、ともに舟奉行《ふなぶぎょう》を務め、船舶《せんぱく》の手配をしています。

吉継は、家康打倒《だとう》の決意を打ち明ける三成に対して、当初は再考を促《うなが》しました。しかし豊臣家を想うその熱意に折れ、病の身でありながら、共闘《きょうとう》を決意したといいます。

ほかに西軍の要将といえば、小西行長《こにしゆきなが》、小早川秀秋《こばやかわひであき》、島津義弘《しまづよしひろ》。五奉行《ごぶぎょう》からは増田長盛・長束正家・前田玄以の3人。もう1人の浅野長政は家康暗殺の嫌疑ですでに失脚《しつきやく》しているため、残された奉行《ぶぎょう》全員ということになります。

そして五大老の2人、宇喜多秀家と毛利輝元も味方になりました。

1600年（慶長《けいちょう》5年）の7月11日、輝元は「西軍」の総大将として、大坂城西の丸に迎《むか》えられました。五大老も利家が死に、景勝も交戦中となれば、家康は「五大老・五奉行制」が定めた自分以外の全員、つまりは豊臣政権の中枢《ちゅうすう》を皆《みな》、敵に回したということになります。

仮に直江状《なおえじょう》から一連の動きを、すべて家康の企《たくら》みだとすると、家康はこの西軍の勢力図を覚悟《かくご》の上で、天下分け目の大博打を打ったといえるでしょう。

輝元が大坂城に入った同日、西軍の面々は、家康への弾劾状《だんがいじょう》を公表します。

西軍諸大名の動員は、家康を打倒《だとう》すると記された、

そのころ、世界では？

1601年中国の蘇州《そしゅう》で織傭《しょくよう》の変が起こる

中国の蘇州は絹織物を扱う商工業都市として栄えていました。そこへ明朝から派遣《はけん》された役人が商人から税を取りはじめ、織機にも課税しようとしたところ、商人はストライキを、職工は暴動を起こし、最終的に課税は取り止められました。

この弾劾状をもとに行われました。

弾劾状の目的は、動員だけではありません。西軍は同書で三成・吉継の謀反《むほん》を否定し、事態は家康追討のための「豊臣公儀《こうぎ》」による権力発動である、という名分を掲《かか》げたのです。

家康が三成の挙兵を知った場所は、会津に向かう途中《とちゅう》の下野小山《しもつけおやま》（現在の栃木県小山《おやま》市）本陣《ほんじん》でした。報せの翌日、7月25日に行われた軍議は「小山評定」と呼ばれています。

そこで家康は諸将に対し「人質にとられた妻子の命が心配ならば、遠慮《えんりょ》なくこの場から立ち去るように」と発言しました。家康は総大将でしたが、この軍勢はあくまで豊臣政権のもの。賛同なしに出陣《しゅつじん》を命令する権限はありませんでした。諸将が三成に同調し、豊臣方として反家康の立場を取る可能性さえあったのです。

しかしながら三成に対する武功派の悪感情は強く、福島正則はそこで「家康が太閤《たいこう》の遺命を尊重し、幼い秀頼を守り立てるならば、自分は妻子を省みず、先陣《せんじん》を務めて三成を討伐《とうばつ》する」と表明。諸将も続いて同調しました。東海道に城をもつ大名は、進んでそ

関ヶ原の戦い豊臣派と徳川派

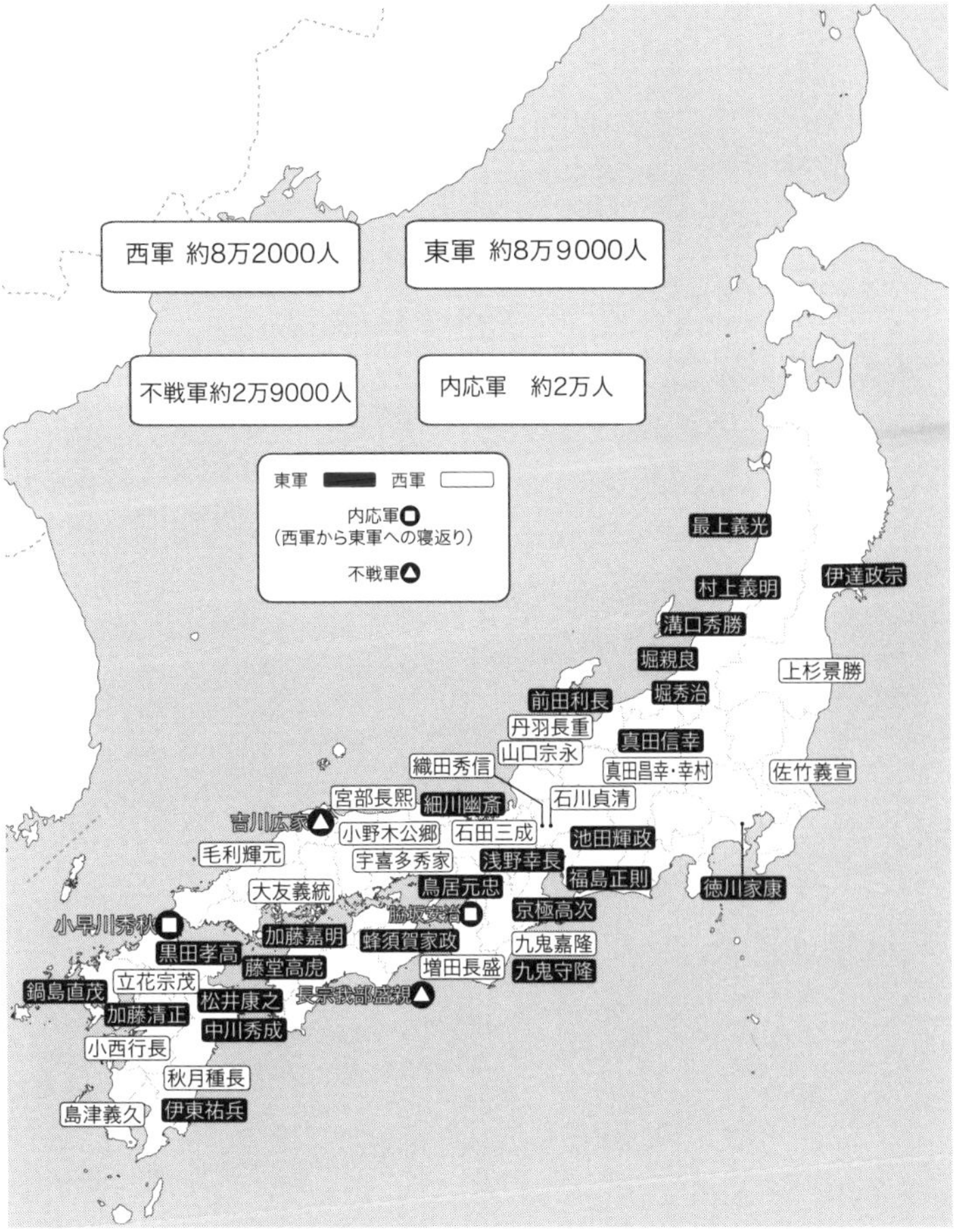

西軍 約8万2000人
東軍 約8万9000人
不戦軍約2万9000人
内応軍 約2万人
東軍
西軍
内応軍
(西軍から東軍への寝返り)
不戦軍
最上義光
村上義明
伊達政宗
溝口秀勝
堀親良
上杉景勝
前田利長
堀秀治
丹羽長重
真田信幸
山口宗永
織田秀信
真田昌幸・幸村
佐竹義宣
宮部長熙
細川幽斎
石川貞清
吉川広家
小野木公郷
石田三成
池田輝政
毛利輝元
宇喜多秀家
浅野幸長
大友義統
鳥居元忠
福島正則
徳川家康
脇坂安治
京極高次
小早川秀秋
加藤嘉明
蜂須賀家政
九鬼嘉隆
黒田孝高
藤堂高虎
増田長盛
九鬼守隆
立花宗茂
鍋島直茂
松井康之
長宗我部盛親
加藤清正
中川秀成
小西行長
秋月種長
島津義久
伊東祐兵

れぞれの城を明け渡《わた》し、家康の西進を支えたのです。

けれども、家康は上杉討伐《とうばつ》軍を自らの指揮の下「東軍」として動かせるようになったにもかかわらず、8月の初めごろに江戸城へ入ったきり、ひと月近くも動きをみせませんでした。

西軍に向けて余裕《よゆう》を見せたとも考えられますが、藤虎や正則らの本気を確認するためとも考えられます。さらには、自らの正当性のアピール活動に費やしていたという見方もあります。事実、この間、家康は三成や吉継の「謀反《むほん》」を諸国に広め、自身の正当性を強く訴《うった》えています。先の弾劾状を放置すれば、東軍出陣《しゅつじん》の正義は損なわれかねない状《じょう》況《きょう》でした。

家康にとっては幸いなことに、秀頼の生母である淀殿《よどどの》が東軍の正当性を認め、三成や吉継を建前上、謀反人《むほんにん》とみなしていました。アピール活動も功を奏し、やがて対立は「豊臣家」内部の親家康派と親三成派の抗争《こうそう》という名目に変化。淀殿が秀頼の安全のために、明確な意思表示をしなかったこともあり、三成は謀反人となり、家康は「公儀《こうぎ》」側であるという認識が広まりました。

9月に入ると、家康はついに動き出します。東海道を上った東軍の豊臣武将たちが、西軍に大きな打撃《だげき》を与《あた》えたことから江戸城を出立、自らも西へ進みました。

ほどなくして大津城《おおつじょう》（滋賀県大津市）の京極高次《きょうごくたかつぐ》が家康方に寝返《ねがえ》り、三成方が攻《こう》城《じょう》に出ましたが、高次軍は抵抗《ていこう》し、戦いは長期化。そのため、大津城攻撃《こうげき》軍は関ヶ原に参戦できませんでした。細川幽斎《ほそかわゆうさい》が籠《ろう》城《じょう》する田辺城《たなべじょう》（京都府舞鶴市）の攻撃軍も同様。三成方は関ヶ原戦の前に、3万ほど兵を減らす結果となりました。

「想定外」の戦力低下は、家康方にも生じます。

西軍と東軍の進軍ルート

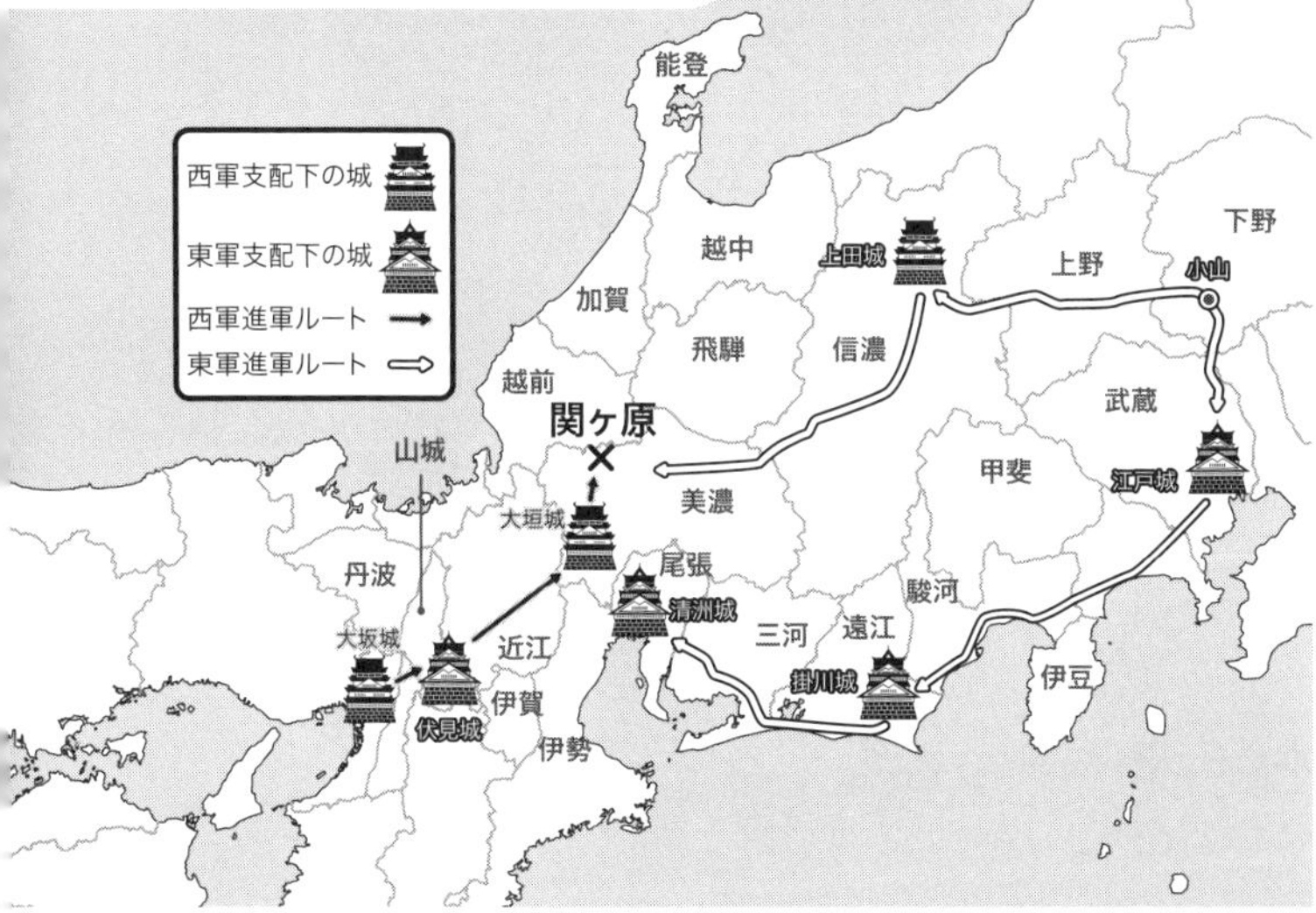

家康の子息の秀忠《ひでただ》は、徳川本隊ともいえる3万以上の大軍で、敵対勢力を潰《つぶ》すべく、中山道《なかせんどう》を進んでいました。しかし彼らは、真田昌幸《さなだまさゆき》・信繁《のぶしげ》親子が籠《こも》る上田城《うえだじょう》（長野県上田市）攻めで足止めを食らい、数日間にわたり苦戦を強いられてしまいます。最終的には9月10日、攻城《こうじょう》を諦《あきら》めて西進しますが、関ヶ原戦には間に合いませんでした。

一方で父の家康は、この決戦を長期戦になりかねない籠城《ろうじょう》戦や攻城戦ではなく野戦にしようと決意し、三成の本拠地《ほんきょち》である佐和山城を落とすと情報を流して、大坂へ向かっていました。

西軍は家康の大坂行きを阻《はば》むため、決戦の地となる関ヶ原盆地に布陣《ふじん》。彼らはそれまでに、家康の京における拠点《きょてん》、伏見城を陥落《かんらく》させています。戦力を減らしたものの大軍には変わらず、優勢といっていい状況でした。

三成は笹尾山《ささおやま》（岐阜県不破郡）に陣取《じんと》り、宇喜多秀家は天満山《てんまやま》（岐阜県不破郡）に陣取って、彼らは関ヶ原盆地の西北部から、中山道の分岐《ぶんき》地帯を押《お》さえ込《こ》むように各軍隊を配置。やって来る東軍を包囲する陣形《じんけい》を取りました。

それとは別に小早川秀秋の軍勢が、合戦前日から南西の松尾山《まつおやま》（岐阜県不破郡）に入っています。

西軍側の秀秋は、秀吉の正室・高台院の兄の子にあたり、秀吉の後継者《こうけいしゃ》として豊臣家の養子に入っていた人物です。秀吉の実子誕生をもって、小早川家の養子として送り出されましたが、そのためか微妙《びみょう》な立場にあり、家康から寝返《ねがえ》りを誘《さそ》われていました。

別働隊としては秀秋のほかに、毛利の軍勢が東の南宮山《なんぐうさん》（岐阜県大垣市）を固めていました。当主の輝元が総大将として大坂城を守っているにもかかわらず、南宮山の彼らもまた家康に通じ、所領の安堵《あんど》を引き換《か》えに、不参戦の構えを密約しています。

家康率いる東軍は、遅《おく》れて現れました。

総大将の家康は、直属の旗本らと桃配山《ももくばりやま》（岐阜県不破郡）に本陣《ほんじん》を張り、前面中央に徳川家大名を配置。

そのころ、世界では？

1604年シェイクスピアの『オセロ』が宮殿で上演

ウィリアム・シェイクスピアはイギリスを代表する劇作家です。なかでも、四大悲劇と称される戯曲《ぎきょく》が有名で、彼の所属した劇団は1604年にステュアート王朝ジェームズ１世の庇護《ひご》を得て、四大悲劇の１つ『オセロ』をホワイトホール宮殿で上演しました。

最前線には福島正則、そして藤堂高虎《とうどうたかとら》ら豊臣武将をずらりと並べました。

西軍は約8万、対する東軍は約9万。

戦力は東軍がわずかに上回りますが、秀忠軍が上田で足止めされている以上、家康が絶対の信頼《しんらい》を持てる徳川兵は少ない数でした。加えて西軍には高地を押《お》さえられ、地の利もありません。その心境を知る手段はありませんが、小早川秀秋の寝返《ねがえ》りが期待できなければ、家康は敗北も覚悟《かくご》しなければならない状況にありました。

9月15日朝、ついに「天下分け目」の大合戦がはじまります。

立ち込《こ》める霧《きり》を裂《さ》くように突撃《とつげき》したのは徳川家の重臣、井伊直政《いいなおまさ》。このとき先駆《さきが》けの権利は福島正則にあり、視界の悪さを理由にしても、直政の行為《こうい》はルール違反《いはん》でした。けれども戦端《せんたん》が開かれたなら、もう後戻《あともど》りはできません。

深い霧《きり》のなか、両軍は命を賭《と》して切り結びました。

しかしながら南宮山の毛利軍は、密約通りにこれを静観。松尾山《まつおやま》の秀秋も、出撃《しゅつげき》をためらって動きません。両軍の力は拮抗《きっこう》し、一進一退が続きます。

そのような状況のなか、戦局を動かしたのは家康軍でした。秀秋の寝返《ねがえ》りを、鉄砲を撃《う》って催促《さいそく》したのです。これを受けて秀秋軍は、突如《とつじょ》として大谷吉継の軍勢を攻撃。

勝機を摑《つか》んだ東軍は総攻撃を開始、小西軍を壊滅《かいめつ》させました。宇喜多軍も敗走。

病を押《お》して輿《こし》にのり、戦を指揮した吉継の軍も全滅《ぜんめつ》、本人も自害しました。

三成方は瞬《また》く間に乱れて崩《くず》れ、孤立《こりつ》した島津軍は、決死の敵中突破《とっぱ》で関ヶ原を脱出《だっしゅつ》。彼らは1000人近い将兵を失いながら、後世に残る大胆な退却《たいきゃく》戦を繰《く》り広げました。

三成はその後、戦場を離脱《りだつ》し伊吹山《いぶきやま》（滋賀県米原市）に逃《のが》れましたが、あえなく捕縛《ほばく》。京《きょう》へ護送され、10月1日に処刑《しょけい》されました。

たった1日で終わった、天下分け目の大合戦。

東北・北陸・九州など各地で行われた東軍方と西軍方の争いも、関ヶ原戦の終了《しゅうりょう》にともない沈静《ちんせい》化しました。西軍の総大将・毛利輝元も、交渉《こうしょう》を受け入れ大坂城から退出。

関ヶ原の戦いを制したのは、東軍の徳川家康でした。その事実は、いまだ公儀《こうぎ》として存在する豊臣家の立場を、次第に脅《おびや》かしていきました。

column 7

日本銀と海外の関わり

オランダが独立するために必要だった日本との貿易

16世紀、各国の交易を活性化させたのは、大量の「銀」でした。日本では、1530年代に朝鮮《ちょうせん》から灰吹法《はいふきほう》と呼ばれる銀精錬法《せいれんほう》が伝わり、石見《いわみ》銀山（島根県）をはじめとして銀の産出が一挙に増加。戦国大名は合戦の軍資金を得ようと鉱山の開発を加速させ、日本は銀の一大産地として知られるようになりました。1540年代には、スペインが有する南アメリカでポトシ銀山（ボリビア）の開発がはじまり、先住民の強制労働によって大量の銀が産出されました。銀は、ヨーロッパが東南アジアから香辛料《こうしんりょう》を買う際に「銀貨」として使用され、銀貨は史上初の国際通貨として需要《じゅよう》を高めていきました。

17世紀初頭、当時の国際社会でもっとも銀貨を欲した国は、独立戦争のさなかにあったオランダでした。敵のスペインは各国の植民

日本のおもな銀山

[　] は銀山が発見された年

地から富を吸い上げる大国。オランダが独立を果たすには銀の独自ルートを入手して、貿易利潤を得る必要があったのです。

そこで強力な通商相手となったのが日本でした。秀吉没後、関ヶ原合戦を制した家康は、鉱山奉行《ぶぎょう》の大久保長安を重用して、佐渡《さど》（新潟県佐渡島）をはじめとした鉱山開発を各地で拡大。当時、佐渡金銀山の銀は純度が高く、産出量で世界トップクラスを誇《ほこ》りました。オランダ船リーフデ号の豊後《ぶんご》（現在の大分県）漂着を発端として、日本との交易を成立させたオランダは、銀の見返りに大砲など武器を譲渡《じょうと》。家康は、それらの武器を大坂の陣に投入し、豊臣軍を苦しめました。

鐘《かね》に難癖《なんくせ》 ―天海《てんかい》と方広寺《ほうこうじ》鐘銘《しょうめい》事件―

関ヶ原の戦いを終えた家康は大坂城に戻《もど》り、秀頼に勝利を報告しました。その後は西の丸で戦後処理を行っています。

敗者である西軍の大名、88家の領地を取り上げ（改易《かいえき》）、5家の領地を一部削減（減封《げんぽう》）。合わせて632万石を没収《ぼつしゅう》しました。毛利家とは、関ヶ原合戦の際に所領安堵《あんど》の密約を交わしていましたが、「毛利が西軍にかかわっていない」ことが前提条件とされたため、総大将が輝元だったという事実をもって、後に周防《すおう》（現在の山口県東南半分）と長門《ながと》（現在の山口県西半分）以外の領地を没収《ぼつしゅう》しています。

その結果、秀吉の時代には40国222万石に及《およ》んだ豊臣家直轄地《ちょっかつち》も、摂津《せっつ》・河内《かわち》・和泉《いずみ》の3国、つまりは兵庫県の一部と大阪府北中部から南部にかけての約65万石へと、大きく減少しました。豊臣家当主にもかかわらず、秀頼はこの戦後の国分けで領地を一大名クラスに縮小されたのです。

反対に、勝者となった東軍の大名には、手柄《てがら》に応じて領地を与《あた》えました。家康は徳川家と深いつながりをもつ68人を親藩《しんぱん》・譜代《ふだい》大名として成立させ、全国の重要な地域に配し、新しい体制の基礎《きそ》としたのです。

とはいえ、それで完全に家康の天下になったかといえば、そうではありません。前述の通り、豊臣家を実質的に代表する淀殿《よどどの》は、関ヶ原合戦を豊臣家と徳川家の対立ではないとし、秀頼に何の関わりもない合戦、と解釈《かいしゃく》しました。敵はあくまで豊臣家の謀《む》反人《ほんにん》、石田三成。とうぜんながら、いまだ秀吉の威光《いこう》の下に集う勢力、先の関ヶ原合戦で勝者となった豊臣系大名の面々も同意見です。彼らは家康と同じ「東軍」として戦い、勝利の加増も受けて、依然《いぜん》として強大な戦力を有しています。徳川幕府に対抗《たいこう》し得る決して無視できない存在でした。

1603年（慶長《けいちょう》8年）の2月12日、家康は武家の覇者《はしゃ》として征夷大将軍《せいいたいしょうぐん》となり、江戸幕府を開きます。五大老筆頭と秀頼の後見職は辞任しました。徳川家の本拠地《ほんきょち》を江戸城とし、将軍になってわずか2年後、秀忠に将軍職を移譲《いじょう》。家康は隠居《いんきょ》後の居城を駿府《すんぷ》城《じょう》（静岡県静岡市）に定めました。将軍職を退いたとはいえ、その後は駿府の大御所《おおごしょ》として、家康は政治・経済・外交など幕政を主導する立場となりました。

秀忠の長女で、家康にとっては孫娘《まごむすめ》にあたる千姫《せんひめ》と秀頼の縁組《えんぐ》みもまとめました。秀吉との約束を履《り》行《こう》したものですが、家康はこの婚姻《こんいん》を通じて、権威《けんい》の共有を図ったものとみられます。

秀忠への将軍職移譲《いじょう》は、豊臣天下の構図を打破する意図がありました。将軍宣下で「関白秀吉の権威《けんい》と権力を維持《いじ》しようとする豊臣政権」の存在理由を否定し、秀忠に将軍職を移譲することで「徳川政権世襲化《せしゅうか》」を天下に知らしめ、豊臣政権の存続を拒否《きょひ》したのです。さらに家康は朝廷《ちょうてい》に、江戸幕府の推挙がない叙任《じょにん》は無効とする、と申し入れています。

本来、武家の任官は朝廷が主導していました。官位の上下は石高の多寡《たか》に優先して武家の序列を表します。しかしながら当時はこの叙任《じょにん》に豊臣政権の介入《かいにゅう》があり、

そのころ、世界では？

1607年アメリカで最初の植民地ができる

イギリス人がアメリカ大陸へ入植し、その土地を国王の名前をとってジェームズタウンと名付けました。アメリカの13の植民地の中で最も古い植民地です。入植者は先住民から学んだタバコの栽培を成功させ、そののち大農園の形態を確立しました。

そのままにしておけば豊臣家や朝廷と各地の大名が、任官を通じて勝手に結びつきかねない状況でした。家康は、江戸幕府以外の官位上昇《じょうしょう》ルートを遮断《しゃだん》したのです。これにより大名の編成は、江戸幕府の支配のもと、全国規模で展開されるようになりました。

家康はまた、在京の諸大名を集め、彼らに3か条の誓約《せいやく》を突《つ》きつけています。

第1条、源頼朝《みなもとのよりとも》以来の歴代の将軍と同じく、将軍秀忠の法度を守ること

第2条、法度や上意に背いた者を領国に隠《かく》し置かないこと

第3条、召《め》し抱《かか》えている武士に反逆者や殺害人などがいた場合、彼らを抱《かか》えないこと

関ヶ原合戦で生じた大量の西軍浪人《ろうにん》が豊臣家に流出するのを、牽制《けんせい》する意味もありました。

次々と定められた江戸幕府の制約は、豊臣家をこれでもかと弱体化させ、滅亡《めつぼう》へと追い込《こ》みます。その後、1614年（慶長《けいちょう》19年）の7月に「方広寺《ほうこうじ》鐘銘《しょうめい》事件」が起きると、衝突《しょうとつ》はもはや避《さ》けられないものとなりました。

方広寺（京都府京都市）は秀吉が奈良の大仏に対抗《たいこう》し、京にも大仏が欲しいと建立した寺院です。大仏は大陸侵攻《しんこう》をはさんで9年がかりで完成しましたが、翌年に大地震《じしん》で

倒壊《とうかい》。さらに再建後の火災により焼失し、再々建工事《さいさいけん》が行われていました。

ところが江戸幕府は、大仏とあわせて完成した巨大《きょだい》な鐘《かね》を問題視しました。鐘《かね》に刻まれた「国家《こっか》安康《あんこう》」「君臣豊楽《くんしんほうらく》」の文字が、家康の名を分断し豊臣家の繁栄《はんえい》を願っていると指摘《してき》して、豊臣潰《つぶ》しの火種を見つけだしたのです。

この方広寺鐘銘事件の仕掛《しか》け人を、家康《いえやす》を支えた天台宗《てんだいしゅう》の僧、南光坊天海《なんこうぼうてんかい》とする説がありますす。天海は江戸幕府の成立期、新秩序《ちつじょ》形成に大きな役割を果たした、僧侶《そうりょ》です。確かな生年や出自は不明ですが、会津の豪族芦名《ごうぞくあしな》氏の出身とみられています。延暦寺《えんりゃくじ》（滋賀県大津市）や幾《いく》つかの寺院で修行し、関東天台宗本山の住職となりました。１６２５年（寛永《かんえい》２年）には、江戸城の鬼門《きもん》（北東方面）にあたる、上野忍岡《うえのしのぶがおか》（現在の東京都台東区）に寛永寺《かんえいじ》を創建。

天海が家康と出会った時期は不明ですが、関ヶ原合戦の後にはすでに信任を得ていました。その法問（教法についての問答）は比類なく巧《たく》みといわれ、家康を傾倒《けいとう》させるほどでした。また、家康は法問を聴《き》くと称《しょう》して天海と密議を重ねたともいわれます。

方広寺鐘銘事件も、そうした密議において計画されたのかもしれません。

その女、淀　―大坂冬の陣《じん》―

事件の背景は謎《なぞ》めいていますが、鐘銘の指摘《してき》はやはり幕府の言いがかり。豊臣方は抗《こう》議《ぎ》もできず、即《そく》合戦とも出られず、どうにかして衝突《しょうとつ》を避《さ》けようとしました。

そこで淀殿は、大蔵卿局《おおくらきょうのつぼね》と正栄尼《しょうえいに》の2人を弁明の使者として送り出します。大蔵卿局は淀殿を育てた乳母で、大坂城内をたばねる立場にあった大野兄弟の母。強い信頼《しんらい》関係で結ばれています。家康は駿府にやって来た彼女らを歓待《かんたい》し、鐘銘については心配するな、と安心させました。

ところが豊臣方が別に駿府に派遣したもう1人の使者・片桐且元《かたぎりかつもと》は、大蔵卿局とは反対に幕府重臣に詰問《きつもん》され、豊臣方に不利な選択肢《せんたくし》を持ち帰りました。

1、秀頼の江戸参勤

2、淀殿を人質として江戸に出す

3、秀頼が大坂を退去して移封《いほう》に応じる

江戸幕府は、この3つのうちどれか1つを選択《せんたく》せよ、と伝えてきたのです。この2つの使者に対する態度の相違《そうい》の裏には、豊臣方を混乱させる目的があったのかもしれません。

いずれにしろ淀殿をはじめとする豊臣方は、この選《せん》択肢《たくし》に激怒《げきど》しました。且元は賤ヶ岳の戦いで活躍《かつやく》した七本槍《しちほんやり》の1人で、豊臣家の家老です。しかしながら駿府から戻《もど》った且元は、徳川の手先ではないかと疑われ、暗殺計画すら持ち上がり、追放同然に大坂城を出る結果となりました。この且元への仕打ちが、戦国時代の最後のいくさ「大坂の陣」の発端《ほったん》となったのです。

とはいえ淀殿の半生を考えれば、家康の出した条件は屈辱《くつじょく》の極み。

淀殿と呼ばれたこの浅井《あざい》三姉妹の長女・茶々《ちゃちゃ》は、1

そのころ、世界では？

1610年フランスでルイ13世が即位

ブルボン朝アンリ4世が暗殺されたため、9歳《さい》のルイ13世が母のマリー・ド・メディシスを摂政《せっしょう》として即位《そくい》しました。のち2人は対立しますが、聖職者リシュリューが2人を調停し信任を得て、宰相《さいしょう》としてルイ13世の絶対王政を支えました。

569年ごろに、北近江《きたおうみ》（現在の滋賀県長浜市、米原市など）の小谷城《おだにじょう》（滋賀県長浜市）で誕生しました。第二章で触《ふ》れた通り、茶々の父・浅井長政《ながまさ》は、彼女の伯父《おじ》・信長に敗れて自害。10年後、母のお市《いち》の方も、再嫁《さいか》先の柴田《しばた》勝家《かついえ》が秀吉に破れた際に自害しました。

後に「隠《かく》れなき美女」と謳《うた》われる三姉妹は秀吉の庇護《ひご》をうけ、茶々は20歳のころ、彼の「側室」に迎《むか》えられました。それよりも早く関係を結び、正室同然の扱《あつか》いだった、とする説もあります。茶々は妹たちに「浅井の誇《ほこ》りを失わないように」と言い聞かせていましたが、その浅井を滅亡《めつぼう》させ、母を死に至らしめた秀吉のもとへ行かざるを得なかったことは事実です。時代の常識とはいえ、心中が穏《おだ》やかだったわけはありません。

天下人の姪《めい》として誕生し、天下人の妻となった茶々……淀殿は、天下人の生母として、日本を掌握《しょうあく》する立場にさえなれた人物です。仇《あだ》の側室という人生を受け入れたのも、秀頼を育てあげ、家康を相手に毅然《きぜん》とした態度をとれたのも、わが子を通して浅井の血脈を天下に伝え、本来なら得るべきだった権利を求める、執念《しゅうねん》だったのかもしれません。

そのような淀殿にとって、臣下に下れという家康の要求は、許せないものでした。

そうした淀殿の「すべての権利を損なわずに豊臣家を存続させたい」という欲求とは反対に、「せめて豊臣の家名と血脈さえ存続できれば権利放棄《ほうき》も仕方ない」という意向をみせたのが、高台院です。

　高台院、つまり秀吉の正室だったねねと「側室」の淀殿の間には、確執《かくしつ》があったといわれます。しかしながら実際には2人とも、豊臣家の危機を乗り越《こ》えようと、連携《れんけい》を図っています。たとえば関ヶ原合戦において、2人は緊密《きんみつ》なやりとりをして、大津城にいた京極龍子《たつこ》（秀吉の側室・松丸殿《まつのまるどの》）の救出計画を成功させました。西軍による大津城攻めの際、侍女《じじょ》を派遣《はけん》して城主を説

大坂冬の陣

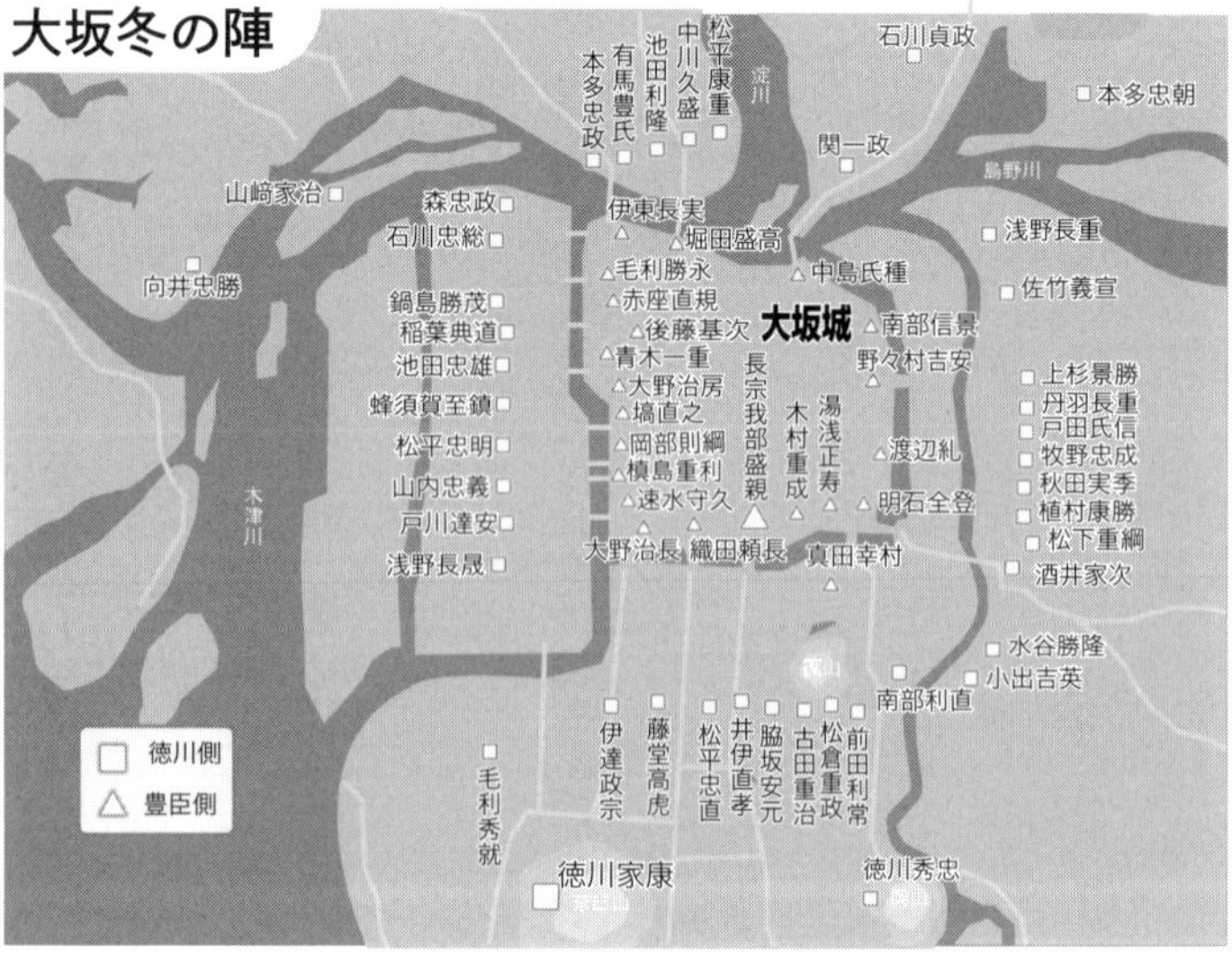

得し、開城に持ち込《こ》んだのです。そのため家康《いえやす》は、対豊臣戦における「淀殿と高台院の連携」をたいへんに警戒《けいかい》したといわれます。

両家の衝突《しょうとつ》が濃厚《のうこう》となったとき、徳川軍は高台院の京都から大坂への下向を阻《はば》みました。彼女は淀殿に開戦を思いとどまるよう、説得しに向かうつもりだったようです。

1614年（慶長《けいちょう》19年）10月2日、豊臣家との対決を決意した家康は駿府《すんぷ》を出立。福島正則《ふくしままさのり》など豊臣系大名の参戦を認めず、彼らを領地に戻《もど》しながらも、その子息は従軍させるという巧妙《こうみょう》な戦術を取って、翌11月23日、京の二条城（京都府京都市）に入りました。

続いて、将軍の秀忠も数万の兵を率いて江戸城を出立。

大坂城の豊臣方は、一説では約20万石に及《およ》ぶ大量の米と火薬を購入《こうにゅう》し、戦争準備を整えました。関ヶ原戦で発生した、約10万に及《およ》ぶ浪人《ろうにん》を城内に召《め》し抱《かか》え、戦力も充分《じゅうぶん》。そのなかには、真田幸村（信繁）や長宗我部盛親《もりちか》など元大名の頼《たの》もしい面々もいました。

しかし島津義弘や福島正則など、期待していた豊臣系大名たちには応援《おうえん》を断られています。伊達政宗には書状を送り、和平交渉《こうしょう》の仲立ちを依頼《いらい》しましたが失敗。秀頼を守護し続けた加藤清正もすでに亡くなっており、豊臣方の最後の頼《たの》みは、難攻不落《なんこうふらく》と名高い大坂城だけでした。

26日、戦闘開始。大坂冬の陣と呼ばれるいくさがはじまりました。

家康72歳、軍勢は約20万。対する秀頼は21歳、軍勢は約10万。

幾重《いくえ》もの堀《ほり》に囲まれた大坂城の守りは堅《かた》く、翌月に入っても一進一退が続きました。

とくに真田幸村は大坂城南の外堀《そとぼり》に、櫓《やぐら》や柵《さく》で出城の真田丸《さなだまる》を築き、迫《せま》り来る徳川軍を足止めして奮戦しました。家康は想定外の苦戦を強いられ、和睦《わぼく》の道を模索《もさく》。対する豊臣方も、徳川軍が導入した最新の大砲《たいほう》で淀殿《よどどの》居室を攻撃《こうげき》され、態度を軟化《なんか》。家康に対して和睦の条件を提示しました。

1、大坂城は本丸のみを残して、二の丸、三の丸を取り壊《こわ》すこと

2、淀殿のかわりに、織田有楽斎長益《おだうらくさいながます》、大野治長《おおのはるなが》から人質を出すこと

3、家康は大坂城内の譜代《ふだい》・新参の武士について口出しをしないこと

大坂城の浪人《ろうにん》軍団は、さらなる流浪《るろう》生活を恐《おそ》れて戦闘《せんとう》の継続《けいぞく》を期待しましたが、最終的には和睦が成立。しかしながら両家の間で、文章化されなかった約束、大坂城の堀《ほり》の

埋《う》め立てについて解釈《かいしゃく》に行き違《ちが》いがあり、再戦不可避《ふかひ》の事態に発展しました。

豊臣方は外堀だけが埋《う》められるという認識でしたが、徳川方は内堀を含め、すべての堀《ほり》を埋《う》めてしまったのです。二の丸と三の丸も破却《はきゃく》されたため、難攻不落の大坂城は丸《まる》裸《はだか》にされてしまい、本丸のみが残されました。徳川の騙《だま》し討ちのような形となりましたが、家康には騙《だま》してまで圧伏《あっぷく》しなければ長期戦になる、という危機感があったのかもしれません。

豊臣方は防衛力を一気に低下させられ激怒《げきど》しました。

豊臣家の滅亡《めつぼう》 ―大坂夏の陣―

戦闘《せんとう》態勢に入った豊臣方は、大坂城の堀《ほり》や柵《さく》の修復を始め、城内に兵糧《ひょうろう》米や木材を運び込《こ》みました。城内の浪人たちは冬の陣当時よりも増えています。

そのような不穏《ふおん》な動きは、徳川方も察知するところとなり、1615年（慶長《けいちょう》20年）の3月24日、豊臣方から駿府へ、弁明の使者が派遣《はけん》されました。すると家康は逆に

「もし幕府に対する敵意がないのならば、その証拠《しょうこ》に豊臣秀頼が大坂城を出て、大和《やまと》(現在の奈良県)か伊勢《いせ》(現在の三重県北中部、愛知県と岐阜県の一部)に移るか、浪人をすべて追放するように」と要求しました。しかしながら豊臣方はこの要求を拒絶《きょぜつ》します。4月に入ると家康は総攻撃《こうげき》を決意し、京の二条城に入りました。

21日、秀忠も伏見城に到着《とうちゃく》。豊臣方にあらためて大和への移封《いほう》か、浪人の召《め》し放ちを求める最後通牒《つうちょう》を出しましたが、これも受け入れられませんでした。

そして29日、徳川方の軍勢約15万は攻撃《こうげき》を開始。大坂夏の陣《じん》がはじまりました。堀《ほり》を埋《う》められた豊臣方は籠城《ろうじょう》戦に持ち込《こ》めず、野外戦を強いられました。豊臣方武将は激戦を繰《く》り広げ、真田幸村は一時家康の本陣《ほんじん》に迫《せま》る奮闘《ふんとう》を見せましたが、多勢に無勢。撃退《げきたい》されました。大坂の陣を通して、豊臣方には大軍を束ねた経験を持つ者が存在せず、この人材不足が彼らを劣勢《れっせい》に立たせたといっていいでしょう。

やがて天守閣が焼け、5月8日朝、ついに秀頼と淀殿は自害しました。秀頼は23歳、淀殿は49歳前後と伝えられます。

秀頼の側室の子・国松《くにまつ》は、伏見《ふしみ》に逃《に》げたところを捕縛《ほばく》され、わずか8歳ではありましたが、京の六条河原《ろくじょうがわら》で斬首《ざんしゅ》。7歳《さい》の子女は鎌倉《かまくら》の東慶寺《とうけいじ》に送られ、出家しています。

　こうして秀吉と秀頼の跡目《あとめ》を継《つ》ぐ者は消え去り、豊臣家は滅亡《めつぼう》の時を迎《むか》えました。

　豊国大明神《とよくにだいみょうじん》として神格化された秀吉の権威《けんい》も消滅《しょうめつ》。高台院の陳情《ちんじょう》もむなしく、秀吉を祀《まつ》った豊国神社《とよくにじんじゃ》（京都府京都市）の社殿《しゃでん》は破壊《はかい》され、祭礼もまた停止されました。

　大坂夏の陣の終焉《しゅうえん》は、「この戦いを最後に武器を伏《ふ》せ、平和が到来《とうらい》する」の意の「元和偃武《げんなえんぶ》」と呼ばれるようになりました。この年から江戸幕府は、長期にわたる「平和」「文明化」を築き上げていくのです。

　翌年、1616年の正月（1月21日）、鷹狩《たかが》りを楽しんだ家康は、夜遅《おそ》くに発病。鯛《たい》のテンプラに食あた

そのころ、世界では？

1613年ロマノフ王朝はじまる

十数年ほど動乱状態にあったロシアで、貴族の中からミハイル・ロマノフがツァーリ（皇帝《こうてい》）に選出されロマノフ朝が成立しました。ロマノフ朝は20世紀に至るまで列強に対抗《たいこう》し領土を拡大しましたが、国民生活を圧迫《あっぱく》し、ロシア革命により滅《ほろ》びました。

りをしたのか、それとも胃がんとみられる症状《しょうじょう》が出たのかは不明ですが、その後、一度は回復するものの、病状は次第に悪化。ついに4月17日の午前10時ごろ、75年の生涯《しょうがい》を終えました。

神号は秀吉と同じ「明神」を避《さ》け、天海によって「東照大権現《とうしょうだいごんげん》」と定められました。

パクス・トクガワーナ① ―3つの法度―

一度は臣従を誓《ちか》った主家「豊臣家」を打倒《だとう》した徳川家康。大坂の陣は下剋上《げこくじょう》ではじまった戦国時代の最後の下剋上であり、この「下剋上の総決算」をもって、戦乱の世は終焉の時を迎《むか》えました。

結果、出現したのは250年以上続く「徳川の平和」。現代社会が理想とする「平和」とは必ずしも一致《いっち》しませんが、それでも江戸時代は、大規模な対外戦争や内戦がない、世界史上稀有《けう》な時代となりました。この江戸幕府による「徳川の平和」は、古代ローマの平和＝パクス・ロマーナを模して、パクス・トクガワーナと呼ばれます。ここからはその、パクス・トクガワーナ「徳川の平和」を築く要因となった、数々の政策を見ていきましょう。

大坂の陣を終えた家康は、1615年（元和元年）の7月に、3つの重要な禁令を定めています。

1つ目は「武家諸法度《ぶけしょはっと》」。武家に対し、大名が新たに城を造ることや、勝手に婚姻《こんいん》関係を結ぶことを禁じた制度です。以降、違反《いはん》した者には、悪条件の土地へ転封《てんぽう》、大幅な減封《げんぽう》や、領地を没収する改易《かいえき》など厳しい処分が下されるようになりました。領地を没収《ぼっしゅう》された大名は、2代秀忠の時代には41家、3代家光《いえみつ》の時代には49家と、外様《とざま》大名を中心に多数にのぼりました。戦場は消え、武力評価としての恩賞はなくなり、時代は「戦争を知らない武士たち」の時代へと変化していきます。戦闘員《せんとういん》から官僚《かんりょう》へと変わらざるを得ないその過

そのころ、世界では？

1618年ベーメン反乱が起きて30年戦争がはじまる

1618年、神聖ローマ帝国《ていこく》を構成するベーメン王国で、フェルディナント1世によるカトリック強制に対する反乱が起き、旧教派と新教派に分裂《ぶんれつ》して内戦になりました。そこへスペイン、オランダ、フランスなどが介入《かいにゅう》し、30年戦争に発展しました。

程で、「平和」な社会に順応できない大名家は、排除《はいじょ》されていったのです。

2つ目は「禁中並公家諸法度《きんちゅうならびにくげしょはっと》」。天皇はまず学問を修めるべきとしたうえで、各種の禁令を説く制度です。前述の幕府の推挙による官位の叙任《じょにん》もこの法度に含《ふく》まれます。武家の官位を、公家の官位とは別に新たに制定。この法度によって、幕府のもとでの朝廷《ちょうてい》・公家の新秩序《ちつじょ》が確立されました。

3つ目は「諸宗諸本山諸法度《しょしゅうしょほんざんしょはっと》」。寺の秩序《ちつじょ》を定める制度です。儒学《じゅがく》や儀礼《ぎれい》の奨励《しょうれい》、本寺・末寺関係の確立、僧侶《そうりょ》の階級厳守、悪僧徒党《あくそう》の庇護《ひご》禁止、僧侶の任命法などを規定し、朝廷の僧位《そうい》・僧官授与《そうかんじゅよ》権限の制限など、朝廷と寺院との結びつきを断ち切るものでした。

「徳川の平和」の根幹となった、これら3つの禁令は、「信長と秀吉が押《お》し進めた三権門の一元化」を家康が完成させたものです。

幕末期に来日したプロイセン（ドイツ）の外交官は「日本という国では、槍《やり》の刃先《はさき》、銃《じゅう》の銃口《じゅうこう》さえも丁寧《ていねい》に鞘《さや》に包まれている」と驚《おどろ》いています。当時のあらゆる文明国のなかでも、武器を持つ習慣が最も広まっているというにもかかわらず、日本では、その危険な習慣の不都合を出来るかぎり避《さ》けるために、刀や銃などの武器を人目にさらすことを厳しく禁じているとも述べています。外交官の見た江戸時代の日常は、パクス・トクガワーナが達成した光景といえるでしょう。

そうした光景も、信長の兵農分離や、秀吉の惣無事令《そうぶじれい》、そして刀狩《かたなが》りがなければあり得ません。1588年に発布された秀吉の刀狩令は当時、農民を支配する強硬策《きょうこうさく》の1つでしたが、時を重ねた江戸時代には「徳川の平和」を支える要因の1つとなりました。

パクス・トクガワーナ② ―江戸幕府の貿易―

外交感覚に優れた家康は、公共政策としての貿易を念頭に置き、諸外国との流通を整えました。なかでも朝鮮、中国、そしてオランダとの貿易は重要な財源として、開府後も重要視されています。

秀吉による2度の朝鮮侵略《しんりゃく》は、日朝両国の関係に深い傷跡《きずあと》を残しました。家康は再交易を望みましたが、とうぜんながら朝鮮側は拒絶《きょぜつ》。そこで長年にわたり日朝貿易に携《たずさ》わってきた対馬《つしま》（長崎県対馬市）の宗《そう》氏に全権が委ねられ、和睦交渉《わぼくこうしょう》が繰《く》り返されました。その後、朝鮮側は疑心を抱《いだ》きながらも、日本へ使節を派遣《はけん》。１６０９年、朝鮮国王が対馬の宗氏に与《あた》えた「己酉約条《きゆうやくじょう》」によって、両国の交易は復活しました。

交渉において宗氏はしばしば、国書の偽造《ぎぞう》など仲介役《ちゅうかいやく》を逸脱《いつだつ》した行為《こうい》に及《およ》んでいます。しかし徳川政権は、それらの行為を黙認《もくにん》していました。家康の真の狙《ねら》いは、明《みん》（現在の中華人民共和国）。何としても朝鮮ルートから日明貿易を復活させたいという期待がありました。ところがこの計画は朝鮮使節が関与《かんよ》を拒否《きょひ》し、白紙に返ります。そこで新たに期待されたのが琉球《りゅうきゅう》王国（現在の沖縄県、鹿児島県奄美群島）ルートでした。

琉球は、明《みん》と君臣関係を結んだ冊封《さくほう》国でしたが、戦国時代には九州の島津氏と関わりを深めていました。しかし島津氏は、陸奥《むつ》（現在の青森県、岩手県、宮城県、福島県、秋田県東北部）に漂着《ひょうちゃく》した琉球船を本国まで送還《そうかん》したにもかかわらず謝礼の使節が来ないとして、幕府の許可のもと、１６０９年に琉球を攻撃《こうげき》。首里城《しゅりじょう》（沖縄県那覇市）を陥《かん》落《らく》させ、尚寧王《しょうねいおう》を捕虜《ほりょ》にしました。幕府はその恩賞として、琉球を島津氏に与えています。

なお、同じく幕府の統制が及《およ》んだ地域に、蝦夷地《えぞち》（現在の北海道）があります。1604年（慶長9年）、幕府は松前（北海道南部）藩主《はんしゅ》に蝦夷地での交易を許可。松前藩は同地で暮らすアイヌの人々からニシン、サケ、コンブなど海産物や毛皮、木材などを入手し、また彼らを介《かい》してロシアからの交易品も手に入れました。

島津氏は琉球国王を介《かい》して日明貿易の回復交渉に乗り出しましたが、明は内乱状態にあり、日本との交易復活を拒絶しました。ですが161

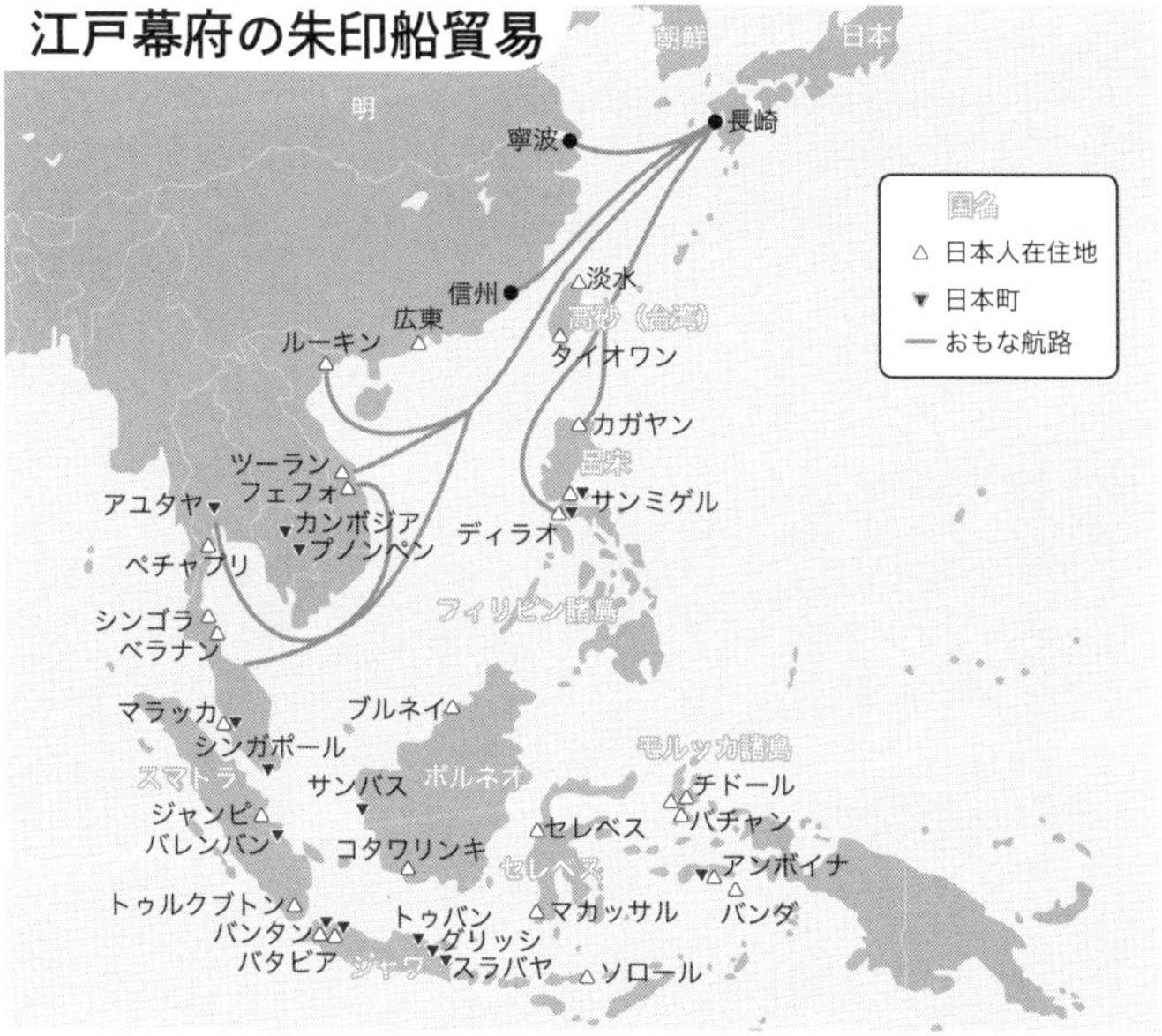

江戸幕府の朱印船貿易

0年、幕府は長崎に入港した広東《かんとん》の商船を寛大《かんだい》に扱《あつか》い、将来の貿易振興《しんこう》を約束。それを機に南京《なんきん》や福建《ふっけん》の商船が長崎《ながさき》へ渡《わた》りはじめました。王朝との正式な交易関係には至らなかったものの、明との通商を回復させたのです。

同時期、江戸幕府はオランダ船に貿易を許可しています。平戸（長崎県平戸市）に商館が建設され、オランダとの正式国交が開かれました。以降、幕末まで続くオランダとの交易ですが、その発端《ほったん》は遡《さかのぼ》ること10年前、オランダ船リーフデ号の豊後《ぶんご》（現在の大分県）漂着《ひょうちゃく》にありました。リーフデ号の航海長のイギリス人アダムス（三浦按針《みうらあんじん》）と、航海士のオランダ人ヨーステン（耶揚子《やようす》）はその後、家康の外交顧問《こもん》役として、日本における諸外国の窓口になりました。オランダ商館は、その延長線上に誕生したのです。

リーフデ号漂着の翌年、家康は朱印船《しゅいんせん》貿易を開始しています。来航する商船の安全を保障したうえで、日本を立つ商船が幕府公認の朱印状を持っていなければ、交易を禁止してほしいと求めたのです。徳川政権はこの朱印船貿易で莫大《ばくだい》な利益を独占《どくせん》しました。

とはいえこの「独占」は、私利としての「独占」ではなく、社会の安定を目的とした国家政策であり、経済や流通を独占することによって、大名や商人ら有力者の巨大化《きょだい》を抑《おさ》え込《こ》み、下剋上や紛争《ふんそう》の発生を防ぐ狙《ねら》いがありました。織田・豊臣政権は下剋上に倒《たお》れましたが、徳川政権は万全の体制で、この独占《どくせん》体制を確立したのです。この試みもまた江戸幕府が「徳川の平和」を築く要因となりました。

パクス・トクガワーナ③ ―3時代のキリシタン政策―

16世紀末、イエズス会のフランシスコ・ザビエルが布教にやって来たのをはじめとして、日本社会に本格的な広まりをみせたキリスト教。その布教の活発化を、経済都市の堺《さかい》（大阪府堺市）や宗教都市の石山《いしやま》（大阪府大阪市）など、自治組織が発展し得る日本の土壌《どじょう》に見出すこともできるでしょう。宣教師たちとその背後の国々の中には、キリシタン大名を「十字軍」化することで領国の自治化を狙《ねら》い、「キリスト教国家」の創立を目指したものもありました。

　信長の時代は布教活動の初期にあたります。信長はキリシタンに寛容《かんよう》で、京と安土《あづち》（滋賀県近江八幡市）に布教拠点《きょてん》セミナリオの建設を許可しました。その背景には、神道を含《ふく》めた各宗教組織の勢力均衡《きんこう》を狙《ねら》う意図があったとみられます。

　秀吉も信長と同じく、はじめは布教に寛容《かんよう》でした。しかし1587年にはバテレン追放令を発布。ただし、貿易は継続《けいぞく》するものの布教を禁じ、宣教師（バテレン）を追放処分としました。発布の理由としてはまず、九州のキリシタン大名・大村純忠《おおむらすみただ》の、イエズス会に対する領国寄進があげられます。アフリカやインド・東南アジアで人身売買をしていたポルトガル商人が、日本でも領民を購入し南欧など各地へ連行していた事実もあります。イエズス会宣教師は奴隷貿易《どれいぼうえき》許可状を発給するなど彼らに関与しており、追放の必要があり

おもなキリシタン大名

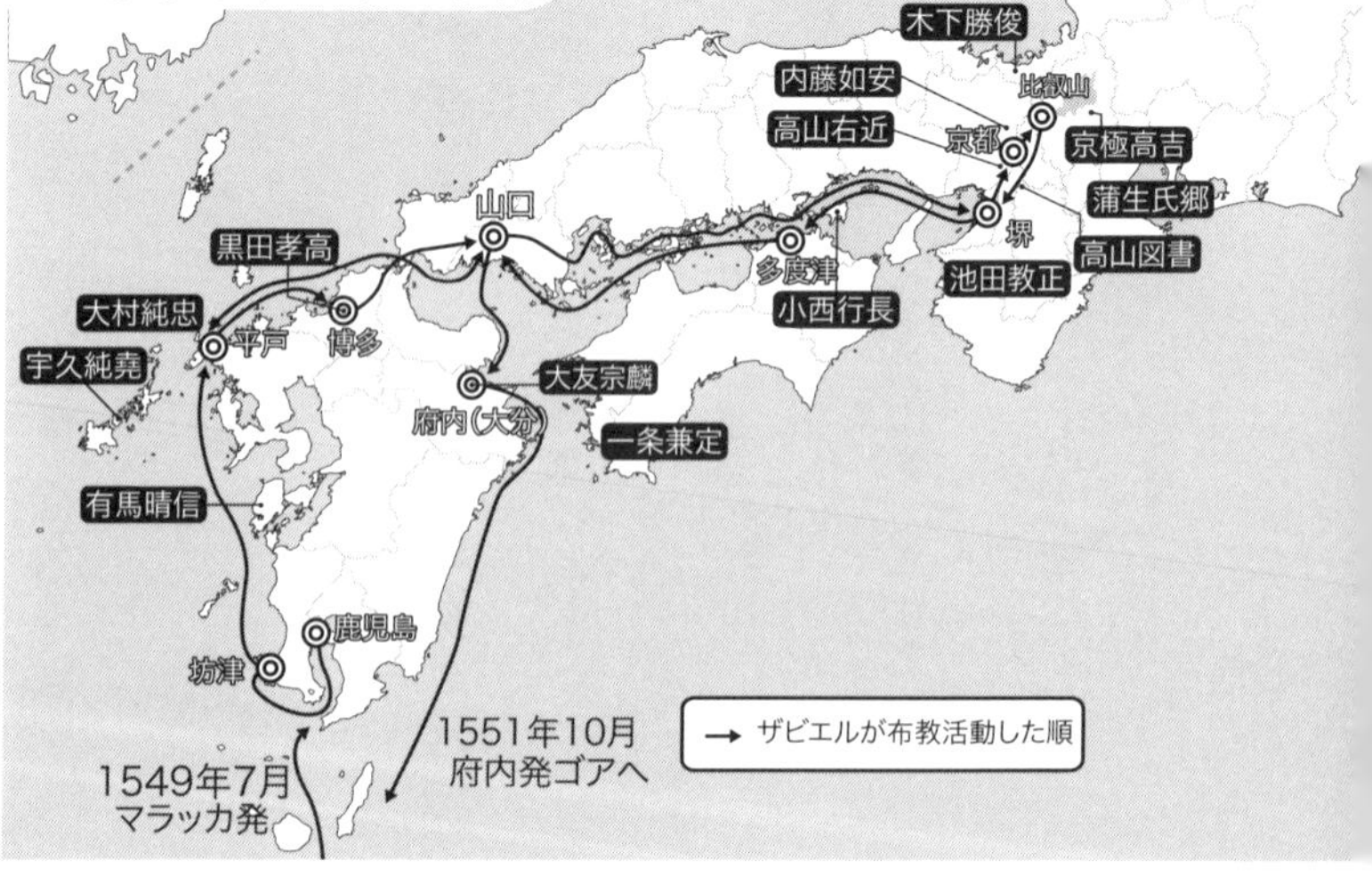

ました。ただ、この追放令は第三章で述べた通り、秀吉の自己神格化とキリスト教という「一神教」のイデオロギーの対立と見ることもできるのです。

対して、家康時代の禁教令にそうした目的はみられず、キリシタン勢力の挙兵に対する、徹底《てってい》した警戒《けいかい》がみられます。彼もまた旧教国との貿易の利をふまえ、当初は布教に寛容な姿勢でした。

しかしながら家康は、1612年（慶長17年）に厳しい禁教令を発布。原因としては、布教が旧教国の侵略《しんりゃく》を招くものだとする見方が広まったこと、豊臣勢力にキリシタン大名が多数存在し、信徒の全体数も37万人に及んでいたことがあげられます。また、家康の重臣である本多《ほんだ》正純《まさずみ》の家臣・岡本大八《おかもとだいはち》が、肥前《ひぜん》（現在の佐賀県、長崎県）の大名・有《あり》馬《ま》晴信《はるのぶ》に加増の便宜を図ると偽って金品を奪取し、被害者の晴信もまた長崎奉行の暗殺を計画していたと発覚し両名が処刑された「岡本大八事件」も大きな契機となりました。晴信と大八はどちらもキリシタンでした。

家康の禁教令で多くの信徒が処刑され、キリシタン大名は改易・国外追放など厳しい処分を受けました。そうした苛酷な禁教令を出した背景には、新たな貿易相手オランダとイギリスの存在があります。彼らは商業主義的な新教国（プロテスタントの国）。貿易に布教は伴いません。であれば旧教国との関わりを絶っても不利益は生じない。つまり徳川政権は、国内に紛争の火種を抱えることなく、利益の独占を見込めるようになったのです。この禁教令＝旧教国との交易断絶もまた「徳川の平和」の要因となりました。

パクス・トクガワーナ④ ―「平和」の達成―

織田信長、豊臣秀吉、徳川家康。3人の天下人は、武家・公家・寺社の3つの権門を一元化して、「平和」を実現しようとしました。

戦国時代の正体を「無数に分散した権力が一斉《いっせい》に起こした自力救済」と考えると、暴動を抑《おさ》え込《こ》むためには、やはりその否定が必要でした。3人の天下統一事業は、全国に展開する権力をひたすらに探して集中させる、試練の旅だったのかもしれません。

列島規模での「平和」の達成＝パクス・トクガワーナは、その旅を唯一完遂《ゆいいつかんすい》させた家康の功績と捉《とら》えることができます。

もちろん江戸時代には、さまざまな問題点もあります。自由交易の制限、海外情報の遮断《しゃだん》、身分制度による制約は、その後も克服《こくふく》すべき課題として残りました。

しかし一世紀におよぶ戦国時代を乗り越えて成立した江戸社会の到達点《とうたつてん》は、やはり貴重なもの。江戸社会を統轄《とうかつ》した幕府は、二度と戦国社会に戻《もど》らないように、強固な政治・行政システムを作り上げました。中央政府である幕府が、全国約260の藩《はん》を編成し、約3000万人の国民の生産と生活を保障したのです。そしてその約3000万人の国民が、儒学《じゅがく》という共通の学問を学んで社会を「文明化」させ、武力ではなく文化や経済の力によって、暮らしを豊かにしました。

旧東海道の本宿にある松平家の菩提寺《ぼだいじ》、法蔵寺（愛知県岡崎市）には、竹千代（家康）が8歳《さい》の時に書いたとされる文書が残されています。

小さな手形とともにある「武運長久《ぶうんちょうきゅう》」の4文字は、「戦場での幸運が久しく続いてほしい」という、幼い子どもの願いと覚悟《かくご》が込《こ》められた言葉です。

家康は、いくさによって勝ち取った先にある「平和」をすでに見据えていたのかもしれません。

年表

「戦国時代のできごと」と「世界のできごと」を合わせて見られる年表です。

年代	戦国時代のできごと
1467	・細川・山名氏の争いから「応仁の乱」が起こる
1543	・種子島にヨーロッパから鉄砲が伝来する
1549	・ザビエルが来日しキリスト教の布教をはじめる
1560	・織田信長が「桶狭間の戦い」で今川義元に勝利
1568	・足利義昭が信長と共に上洛し征夷大将軍になる ・信長が堺の港を領地にし楽市・楽座をはじめる
1570	・織田対浅井・朝倉の「姉川の戦い」が起こる
1571	・信長が比叡山延暦寺を焼き討ちする
1572	・武田信玄が「三方ヶ原の戦い」で信長に勝利する
1573	・武田信玄が死去／足利義昭が京を追放される
1574	・信長が浄土真宗信徒の長島一向一揆を鎮圧する

世界のできごと

・スペイン王国が成立（1479）
・ザビエルがインドのゴアを布教の拠点に（1542）
・コペルニクスが地動説を発表（1543）
・イタリア戦争が終わる（1559）
・フランスでユグノー戦争が始まる（1562）
・オランダで独立戦争が始まる（1568）
・スペインがフィリピン支配のために都市マニラを建設する（1571）
・スペイン・ローマ教皇・ヴェネツィアの連合艦隊が「レパントの海戦」で地中海を支配していたオスマン帝国の艦隊を破る（1571）

1575 ・信長が「長篠の戦い」で武田勝頼に勝利する
1576 ・秀吉による毛利氏支配下の中国地方制圧が始まる
1580 ・信長が浄土真宗の総本山・石山本願寺を圧伏する
1582 ・明智光秀が「本能寺の変」で織田信長を討つ
・秀吉が明智軍を破る／清洲会議が開催される
1583 ・秀吉が「賤ヶ岳の戦い」で柴田勝家を倒す
1584 ・家康が「小牧・長久手の戦い」で秀吉と争う
1587 ・秀吉が85年の紀州・四国に続き九州を制圧する
1590 ・秀吉が「小田原合戦」で北条氏を滅ぼす
1592 ・秀吉が「文禄の役」で朝鮮侵略戦争をはじめる
1597 ・朝鮮との交渉が決裂し「慶長の役」で再派兵する
1598 ・秀吉が死去し五大老・五奉行制が実権を握る
1600 ・関ケ原の戦いで家康が率いる東軍が勝利する
1603 ・家康が征夷大将軍となり江戸幕府を開く

・イギリスのドレークが世界周航を達成（1580）
・スペインがポルトガルを併合する（1580）
・ネーデルラント連邦共和国が独立宣言（1581）
・ガリレオが振り子の等時性を発見する（1582）
・スペイン無敵艦隊がイギリスに敗れる（1588）
・フランスのアンリ4世がブルボン王朝を開く（1589）
・アンリ4世が信仰の自由を一部認め、ナントの王令でユグノー戦争を終結させる（1598）
・イギリスが東インド会社を設立する（1600）
・オランダが東インド会社を設立する（1602）
・イギリスでシェイクスピアの『オセロ』が宮殿で上演される（1604）
・アメリカで最初の植民地ができる（1607）

参考文献

『近世日本の勝者と敗者』大石 学(吉川弘文館)
『新しい江戸時代が見えてくる 「平和」と「文明化」の265年』大石 学(吉川弘文館)
『地図・年表・図解でみる日本の歴史』武光誠/大石学/小林英夫(小学館)
『信長の天下布武への道』谷口克広(吉川弘文館)
『豊臣秀吉』小和田哲男(中央公論新社)
『定本 徳川家康』本多隆成(吉川弘文館)
『【新版】 雑兵たちの戦場 中世の傭兵と奴隷狩り』藤木久志(朝日新聞社)
『百姓から見た戦国大名』黒田基樹(筑摩書房)
『享保改革の地域政策』大石 学(吉川弘文館)
『秀吉の天下統一戦争』小和田哲男(吉川弘文館)
『戦国誕生 中世日本が終焉するとき』渡邊大門(講談社)
『日本神判史 盟神探湯・湯起請・鉄火起請』清水克行(中央公論新社)
『地侍の魂』柏 文彦(草思社)
『戦国大名 政策・統治・戦争』黒田基樹(平凡社)
『江戸時代の設計者 異能の武将・藤堂高虎』藤田達生(講談社)
「北条氏照領国の土豪:小田野氏と三沢十騎衆」長谷川裕子(雑誌「多摩のあゆみ」掲載論文 財団法人たましん地域文化財団)
『朝廷の戦国時代 武家と公家の駆け引き』神田裕理(吉川弘文館)
『天皇と天下人』藤井讓治(講談社)
『〈豊臣秀吉と戦国時代〉 政権安定の秘策 大名配置の妙』宮本義己(学研パブリッシング)
『織田信長の家臣団 派閥と人間関係』和田裕弘(中央公論新社)
『織田信長合戦全録 桶狭間から本能寺まで』谷口克広(中央公論新社)
『武器で読み解く日本史 弓、槍から日本刀、鉄砲、ゼロ戦まで』山田 勝(PHP研究所)
『地図と読む 現代語訳 信長公記』太田牛一著 中川太古訳(KADOKAWA)
『増補 無縁・公界・楽』網野善彦(平凡社)
『〈織田信長と戦国時代〉 覇業優先主義 信長の宗教政策』二木謙一(学研パブリッシング)
『後醍醐天皇 南北朝動乱を彩った覇王』森 茂暁(中央公論新社)
『北政所と淀殿 豊臣家を守ろうとした妻たち』小和田哲男(吉川弘文館)
『考証 織田信長事典』西ヶ谷恭弘(東京堂出版)
『足利義昭と織田信長 傀儡政権の虚像』久野雅司(戎光祥出版)
『海外貿易から読む戦国時代』武光 誠(PHP研究所)
『淀殿 われ太閤の妻となりて』福田千鶴(ミネルヴァ書房)
『戦国三姉妹 茶々・初・江の数奇な生涯』小和田哲男(KADOKAWA)
『風雲児信長と悲運の女たち』楠戸義昭(学研プラス)
『戦国の城を歩く』千田嘉博(筑摩書房)
『城割の作法 一国一城への道程』福田千鶴(吉川弘文館)
『信長の城』千田嘉博(岩波書店)
『黄金文化と茶の湯 安土桃山時代』中村修也(淡交社)
『日本の武器・甲冑全史』戸部民夫(辰巳出版)
『シリーズ・実像に迫る009 松永久秀』金松 誠(戎光祥出版)
『信長と石山合戦 中世の信仰と一揆』神田千里(吉川弘文館)
『信長の経済戦略 国盗りも天下統一もカネ次第』大村大次郎(秀和システム)
『信長家臣明智光秀』金子 拓(平凡社)
『物語 戦国を生きた女101人』「歴史読本」編集部(KADOKAWA/中経出版)
『影の戦士の真実を暴く 伊賀・甲賀 忍びの謎』「歴史読本」編集部(KADOKAWA/中経出版)
『【絵解き】 雑兵足軽たちの戦い』東郷 隆/著,上田 信/イラスト(講談社)
『合戦地図で読み解く戦国時代』榎本 秋(SBクリエイティブ)
『天下人を悩ませた異能の傭兵集団 雑賀衆・根来衆』鈴木眞哉(学研プラス)
『秀吉の経済感覚 経済を武器とした天下人』脇田 修(中央公論新社)
『シリーズ・実像に迫る017 清須会議 秀吉天下取りへの調略戦』柴 裕之(戎光祥出版)
『戦国日本と大航海時代 秀吉・家康・政宗の外交戦略』平川 新(中央公論新社)
『刀狩り 武器を封印した民衆』藤木久志(岩波書店)
『バテレン追放令 16世紀の日欧対決』安野眞幸(日本エディタースクール出版部)
『豊臣家臣団の系図』菊地浩之(KADOKAWA)
『〈毛利輝元と戦国時代〉 三回あった天下取りの機会』森本 繁(学研プラス)
『〈豊臣秀吉と戦国時代〉 荒武者! 秀吉軍団 賤ヶ岳七本槍と池田恒興』渡辺 誠(学研プラス)
『戦国武将100選』川口素生(リイド社)
『関ヶ原合 戦と石田三成』矢部健太郎 (吉川弘文館)
『戦国武将の実力 111人の通信簿』小和田哲男(中央公論新社)
『文禄・慶長の役』中野 等(吉川弘文館)
「徳川家康文書 総目録」川島孝一編(徳川林政史研究所ホームページ、2010年12月版)
『角川世界史辞典』西川正雄他(KADOKAWA)
『詳説世界史研究』木村靖二/岸本美緒/小松久男(山川出版社)
『地図でスッと頭に入る世界史』昭文社出版編集部(昭文社)
『見て楽しい! [オールカラー図解] 日本史&世界史 並列年表』歴史の読み方研究会(PHP研究所)
『図説 ヨーロッパの紋章』浜本隆志(河出書房新社)
『伊達政宗と慶長遣欧使節』高木一雄(聖母の騎士社)
『銀の世界史』祝田秀全(筑摩書房)
『秀吉と海賊大名』藤田達生(中央公論新社)
『歴群図解マスター 「銃」』小林宏明(学研パブリッシング)
『新装版 戦国武将100 家紋・旗・馬印FILE』大野信長(学研プラス)
『戦国水軍の興亡』宇田川武久(平凡社)
『江戸の金山奉行 大久保長安の謎』川上隆志(現代書館)

監修　**大石　学**（おおいし　まなぶ）

1953年、東京都生まれ。東京学芸大学名誉教授・特任教授。NHK大河ドラマ『新選組！』『篤姫』『龍馬伝』『八重の桜』等の時代考証を担当。2009年、時代考証学会を設立、同会会長を務める。

編集・構成／常松心平、一柳麻衣子（オフィス303）、藤田千賀
装丁・本文デザイン／倉科明敏（Tデザイン室）
文／藤田千賀
イラスト／磯村仁穂
図版／竹村朋花（オフィス303）

世界のなかの日本の歴史
一冊でわかる戦国時代

2020年9月20日　初版印刷
2020年9月30日　初版発行

監修　大石　学

発行者　小野寺優
発行所　株式会社河出書房新社
〒151-0051
東京都渋谷区千駄ヶ谷2-32-2
電話03-3404-1201（営業）
03-3404-8611（編集）
http://www.kawade.co.jp/
組　版　株式会社オフィス303
印刷・製本　凸版印刷株式会社

Printed in Japan
ISBN978-4-309-72201-6